Instagram Marketing für Anfänger:

Wie Sie mit gezieltem Instagram Marketing Ihre Reichweite erhöhen, neue Kunden gewinnen und Ihre Marke etablieren. Schritt für Schritt zu 100.000+ Followern.

Tobias Kleine

Inhaltsverzeichnis

Einleitung 1

1. Einrichtung 4

2. Wie funktioniert Instagram - Basics 9

3. Wie funktioniert Instagram - Fortgeschritten 20

4. Weitere Apps 28

5. Wie gewinne ich mehr Follower 31

6. Fotowettbewerbe 36

7. Bezahlte Werbung in Instagram 46

8. Tipps und Tricks: Leitfaden zur praktischen Anwendung 49

9. Schlusswort 74

10. Instagram Glossar 76

Einleitung

Social-Media ist Bestandteil des Alltags. Privatpersonen und Unternehmen kommen nicht umhin, aktiv zu werden. Gegründet in 2010, durch Mike Krieger und Kevin Systrom, gehört Instagram mit 700 Mio. Nutzern pro Monat und mehr als 8 Mio. Accounts zweifelsohne zu den wichtigsten Plattformen. Annähernd 60% der Nutzer gehören der wertvollen Zielgruppe zwischen 18 - 29 Jahren an. Der Name „Instagram" leitet sich von "Instant" und "Telegram" ab. Also umgehend einen Schnappschuss mit anderen, so schnell wie per Telegramm zu teilen. Insbesondere was die Interaktion der Nutzer und die Eignung als Instrument zur Markenbildung angeht, kann Instagram in kurzer Zeit, sehr viel bewirken.

An wen richtet sich dieses E-Book?

Dieses E-Book ist geeignet für Anfänger, ebenso wie für erfahrene Instagram-Anwender. Vor allem solche, welche gerade mit dem Marketing per Instagram beginnen. Billionen geteilte Fotos dienen als Grundlage für dieses E-Book.

Im Speziellen wird hier jedoch auf Grundlagen und die besten Tricks für professionelles und erfolgreiches Marketing per Instagram eingegangen.

Die Einrichtung von Instagram selbst und auch das Hochladen von Fotos, sind überwiegend selbsterklärend.

Nicht umsonst liegt Instagrams Erfolg in der Einfachheit der Nutzung und den trotzdem sehr vielfältigen Möglichkeiten zur Interaktion.

Interessanter stellt es sich für diejenigen dar, deren Hürde zur Nutzung von sozialen Medien oder insbesondere Instagram darin liegt, dass Begrifflichkeiten wie Feed, Follower, Hashtag, Like und Post, für sie Fremdworte darstellen.

Keine Sorge, erstens erklären wir hier simpel und verständlich und zweitens befindet sich am Ende ein Glossar.

Basiswissen

Auf grundlegendes Basiswissen wird deshalb zwar zu Beginn eingegangen, jedoch konzentriert sich dieses E-Book darauf, die mächtige Plattform Instagram als nützliches Marketingwerkzeug, zu den eigenen Zwecken einzusetzen.

Viele Benutzer können sich schlichtweg nicht vorstellen, wie der eigene Account gewinnbringend eingesetzt werden kann.

Verschiedene Methoden des Wachstums werden also vorgestellt und ihre Vor- und Nachteile abgewogen, sodass jeder sich selbst ein Urteil bilden kann.

Speziell eingegangen wird auf die Erhöhung der erzielten Reichweite und Interaktion.

Marketingstrategien

Insbesondere wird eingehend die richtige Nutzung von Hashtags und anderen Marketingaktionen besprochen.

Instagram ist menschlich, persönlich, emotional. Hinter jedem Account steckt eine reale Person. Es geht also bei der erfolgreichen Nutzung von Instagram sehr stark um Einblicke in das alltägliche Leben. Außerdem sind Strategien und Psychologie beziehungsweise Marketinggrundwissen sehr nützlich, um erfolgreich Instagram für die eigenen Zwecke einzusetzen.

Instagram eignet sich von daher bestens dafür Marken aufzubauen, und auch kleineren Unternehmen zur Kundengewinnung, und ganz besonders zur besseren Kundenbindung, beizutragen.

Wie funktioniert Instagram

Überwiegend wird Instagram als App über das Smartphone genutzt, um Bilder zu teilen.

Das ist nicht nur für Privatpersonen, sondern im Speziellen für Restaurants, Einzelhandel oder Event- und Reiseunternehmen interessant, um eine persönliche, möglichst emotionale Beziehung aufzubauen.

Mit einem Klick werden die Veröffentlichungen auf Instagram automatisch auf Facebook geteilt. Instagram gehört zu Facebook und ist auch entsprechend mit Selbigem vernetzt.

Zusammenfassend kann man sagen, dass nicht nur rein gefühlt das Suchtpotenzial enorm ist, sondern auch die Nutzerzahlen rasant und messbar steigen.

1. Einrichtung

Zur Anmeldung von Instagram muss ein Konto über die Handy-App erstellt werden. Einfach „Registrieren" klicken und mit der E-Mail-Adresse oder per Facebook-Konto anmelden.

Man sollte bei der Auswahl des Usernamens daran denken, dass selbiger einfach zu merken ist und konsistent über andere Medien und Netzwerke genutzt wird.

Das ist erwähnenswert, da man per Instagram nicht sonderlich einfach nach einer Person suchen kann. Auch deshalb sollte man auf ausgefallene Wort- oder Buchstabenvariationen eher verzichten.

Das Profilfoto kann aus Facebook importiert werden, und auch hier gilt es, möglichst konsistent zu sein.

Unternehmenskonto vs. persönliches Konto

Es kann neben dem Standard-Account außerdem ein Unternehmenskonto ausgewählt werden. Das macht besonders dann Sinn, wenn man ein Restaurant, einen Shop oder eine andere, nicht personengebundene Unternehmung, steuert. Sofern jemand ein personengebundenes Business (zum Beispiel Coach, Berater, etc.) hat, kann getrost das Standardprofil gewählt werden.

Das Unternehmenskonto gleicht äußerlich dem Standardprofil.

Es hat jedoch einige weitreichende Vorteile:

Statistiken zur Nutzung:

Die sogenannten "Instagram-Insights" zeigen je Post die Reichweite, Impressionen und die Interaktionsrate. Außerdem wird übersichtlich dargestellt, zu welcher Uhrzeit man wie viele Kommentare und

"Likes" erhält.

An dieser Stelle sei erwähnt, dass eine deutliche Steigerung der Effektivität von Videospots zu bestimmten Uhrzeiten erkennbar ist.

Einige demografische Informationen, wie zum Beispiel Alter, Geschlecht und Wohnort geben weitere Auskünfte, die es ermöglichen, zukünftige Kampagnen gezielter zu planen.

Einfach den Kontaktbutton anklicken

Werbung lässt sich direkt schalten. Dabei kann die Zielgruppe automatisch von Instagram bestimmt werden. Selbstverständlich kann man auch wählen, selbige aus dem hinterlegten Facebook-Anzeigenmanager zu schalten.

Für beide Optionen gilt gleichermaßen, dass ausschließlich bereits gepostete Beiträge als Anzeigen verwendet werden können.

Vom persönlichen Profil zum Unternehmenskonto umstellen

In wenigen Augenblicken ist die gesamte Umstellung vollzogen. Nach dem Öffnen der App bedarf es lediglich eines Klicks, rechts unten, auf das jeweilige Profilbild.

Es öffnet sich die Profilseite, wo oben rechts "Einstellungen" gewählt wird.

Darunter "In Business Profil umwandeln" anklicken und schon stehen die erwähnten Funktionen bereit.

Öffentlich oder privat

Generell kann ausgewählt werden, ob man ein öffentlich, von allen Nutzern frei einsehbares Profil anlegen möchte oder lediglich privat, für ausgewählte Nutzer.

Prinzipiell ist es sinnvoll, die Profilangaben in Englisch vorzunehmen, auch, wenn die letztendliche Zielgruppe nicht englischsprachig ist, denn die meisten Benutzer sind englischsprachig. Da Bilder eine universelle Sprache sprechen, ist es gut denkbar, dass anderssprachige Menschen dem eigenen Account folgen werden.

Für den Benutzernamen sollte der Name der jeweiligen Marke, des Produktes oder Unternehmens angewendet werden. Sofern andere Instagrammer einen Benutzer in einem Post oder Kommentar erwähnen, verwenden sie den Benutzernamen.

Biografie optimal einrichten

Eine persönliche Beschreibung kann entscheidend dafür sein, ob jemand den eigenen Posts folgen wird oder nicht. Hier sind also Kreativität und Achtung beim Einsatz der maximal 150 Zeichen geboten. Später wird noch genauer darauf eingegangen, warum es sehr sinnvoll ist, hier Emojis oder eine spezielle Schriftart zu nutzen.

Die Einrichtung nimmt man am besten per Handy vor. Nach der Einrichtung jedoch macht es unbedingt Sinn, auch per Web, am PC zu prüfen, ob das Format und alle verwendeten Symbole korrekt angezeigt werden.

Freunde finden

Instagram hilft dabei Freunde auf der Plattform zu finden, die in Facebook registriert sind.

Man wird also dazu aufgefordert Facebook-Freunde zu finden oder kann diesen Schritt wahlweise überspringen. Wenn man seine Bilder mit Facebook-Freunden teilen möchte, sollte man sich bewusst sein, dass das nicht umsonst noch einmal explizit bestätigt werden muss.

Denn von nun an werden alle Bilder, die man in Instagram postet oder die man liked, zunächst einmal standardgemäß im Facebook-Feed zugänglich gemacht. Wenn man in Instagram sehr aktiv ist, mag das nervig beziehungsweise einfach nicht relevant für Manche sein.

Alle Facebook-Freunde in Instagram werden mit einem "Follow-Button" neben ihren Namen aufgeführt werden. Hier kann ausgewählt werden, welche Personen man unter Umständen davon ausschließen möchte.

Wenn jemand sein Profil auf privat gestellt hat, kann man lediglich anfragen, diesem zu folgen. Der Benutzer muss dann erst bestätigen, bevor Posts in dessen Feed aufgeführt werden. Wenn man fertig ist, kann man zum nächsten Schritt übergehen und Freunde finden, die aus dem Adressbuch der Telefonkontakte zu finden sind.

Man muss der Instagram-App dafür entsprechende Rechte zuweisen, auf die eigenen Kontakte zuzugreifen oder kann das aus Gründen der Privatsphäre ablehnen.

Instagram wird noch einen weiteren Schritt anbieten, um direkt Follower zu gewinnen. Die App selbst schlägt Benutzer vor, denen man selbst folgen könnte.

Indem man vielen anderen Instagrammern folgt, wird die Chance enorm steigen, dass diese auf das eigene Profil klicken, und dann wiederum einem Selbst folgen. Das ist eine bekannte Marketingstrategie, mit der man mühselig aber sicher mehr Follower gewinnen kann. Instagram hat eine Begrenzung von 350 Follows und 50 Kommentaren pro Stunde festgelegt.

Den vorgeschlagenen, sehr aktiven Benutzern, mit viel Reichweite zu folgen, hat sicherlich den Vorteil, sehr gute Beispiele von anderen Nutzern zu erhalten, wie man Hashtags nutzt, et cetera. Es ist jedoch recht sicher, dass die meisten von diesen Nutzern, einem wiederum nicht folgen werden. Somit können diese Benutzer, also je nach der eigenen Strategie, einem helfen oder unter Umständen auch nur Platz im Feed und Zeit kosten, die man besser zur Betrachtung von relevanten Profilen aufwenden kann.

2. Wie funktioniert Instagram - Basics

Nach dem Erstellen des Kontos können Fotos hochgeladen werden. Diese können optional mit einem von 16 Filtern versehen werden.

Je nach Filter erscheinen die Bilder dann in unterschiedlichem Stil oder Farben.

Fotos und Videos aufnehmen

Instagram-Fotos sind alle quadratisch. Es sind mittlerweile zwar auch längliche oder Porträtformate möglich, was jedoch meist nicht optimal angezeigt wird. Im Weiteren wird also hier überwiegend auf die quadratische Form eingegangen.

Veröffentlichungen werden beschnitten, um dem Format von Instagram zu entsprechen.

Im Feed werden Bilder auf 612 x 612 Pixel festgelegt.

Eine maximale Auflösung von 2048 x 2048 Pixel ist zulässig.

Fotos aufnehmen

Es gibt im Generellen zwei Optionen um Bilder aufzunehmen.

Erstens: Wenn man Bilder direkt in Instagram aufnehmen möchte, kann man auf das große Kamerasymbol in der Mitte des unteren Bildschirms klicken. Als Nächstes wählt man das Symbol aus, um Fotos aufzunehmen.

Der Vorteil dabei, wenn man Fotos direkt aus Instagram aufnimmt, ist, dass der Aufnahmebereich sofort auf die quadratische Form des letztendlichen Posts minimiert wird. Das stellt sicher, dass man die Objekte, auf die fokussiert wird, immer im eigentlich verfügbaren

Aufnahmefeld hält.

Zweitens: Man kann die normale Kamerafunktion des Telefons nutzen. Nachdem man so ein Foto aufgenommen hat, kann man es einfach mit Instagram teilen. Der Vorteil dieser Methode ist, dass man mehr Möglichkeiten zum Bearbeiten in seinen Kameraeinstellungen vorfindet (je nach Telefon versteht sich).

In diesem Falle sollte man sich unbedingt daran erinnern, dass Instagram das Foto entsprechend der quadratischen Form zuschneiden wird, und man nicht alles vom originalen Bild erhalten kann.

Wie man großartige Fotos auf Instagram teilt

Es geht bei Instagram primär um Bilder. Man kann Beschreibungen und Hashtags benutzen, um die Vermarktung der Bilder zu unterstützen, jedoch ist der eigentliche Grund, Bilder zu teilen. Deswegen ist es wichtig, großartige Bilder einzustellen. Es wird eine enorme Masse von Bildern tagtäglich in Instagram geteilt, sodass es ohnehin schon schwer genug ist.

Wir haben nun alle Werkzeuge dafür an der Hand. Instagram bietet wirklich fast alles, was es braucht, um ansprechende Bilder zu erstellen.

Ein Bild am Smartphone oder dem Tablet zu erstellen, ist ziemlich einfach, heutzutage. Die meisten Smartphones oder Tablets bieten mittlerweile vielfältige Kameraoptionen und Einstellungen, die professionell wirkende Bilder ermöglichen. Wenn man dazu noch etwas versiert ist, ist man möglicherweise gut darin, die zusätzlichen Kameraeinstellungen entsprechend einzusetzen.

Meistens kann man ein recht vielversprechendes Foto einfach mit der üblichen Kamera erstellen. Aber Instagram stellt einige interessante Tricks und Filter zur Verfügung, um das Bild in etwas Herausstechendes zu verwandeln.

Wenn man ein Bild in Instagram importiert, wird man einen Bildschirm, so ähnlich, wie diesen hier erhalten.

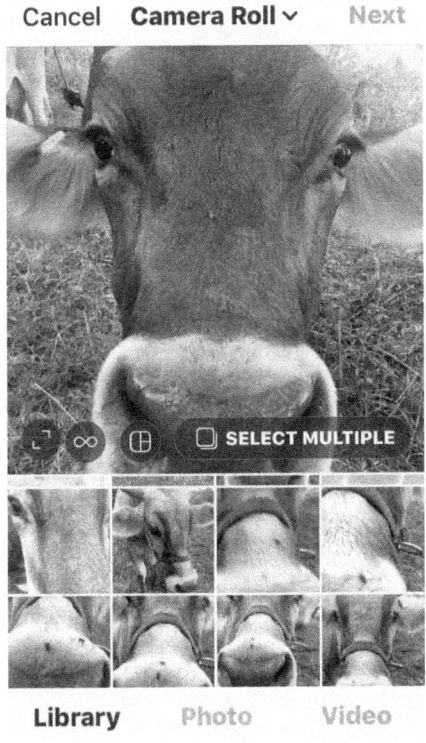

Dieses Bild ist von einem iOS (iPhone). Bei Androidgeräten sieht es ein wenig anders aus, jedoch sind die Funktionen grundlegend die Gleichen.

Für Anfänger sei kurz erwähnt, was all die Funktionen bedeuten.

Der Pfeil führt einen wieder aus Instagram heraus zum originalen Bild.

Die beiden übereinander liegenden Quadrate ermöglichen es mehrere Bilder auswählen ("Select Multiple").

Bis zu 10 Bilder kann man in einem einzelnen Post einbetten.

Der Button daneben, der geformt ist wie ein dreigeteiltes Quadrat, ermöglicht, mehrere Bilder zu Collagen zusammenzufassen. Dafür wird die App "Layout" benötigt. Das Zeichen, das wie eine liegende Acht aussieht, führt zur App "Boomerang", die kleine Serien von Bildern zu Videos zusammenfügt.

Der Button in der Ecke links unten, vergrößert oder verkleinert die Ansicht des Bildes.

Sobald man auf "Next" klickt, erhält man am unteren Rand die Filter zur Auswahl. Zwischen diesen kann man hin und her scrollen und schließlich den Filter, der einem am besten gefällt, antippen. Durch einen einfachen Klick wird das Bild mit dem gewünschten Effekt angepasst. Für gute Fotografen gilt, dass die Filter üblicherweise auf "normal" eingestellt bleiben können, sodass keine weiteren Effekte hinzugefügt werden.

Wie man Filter richtig einsetzt

In einer Analyse von TrackMaven stellte sich heraus, dass bei Filtern weniger sicherlich mehr ist.

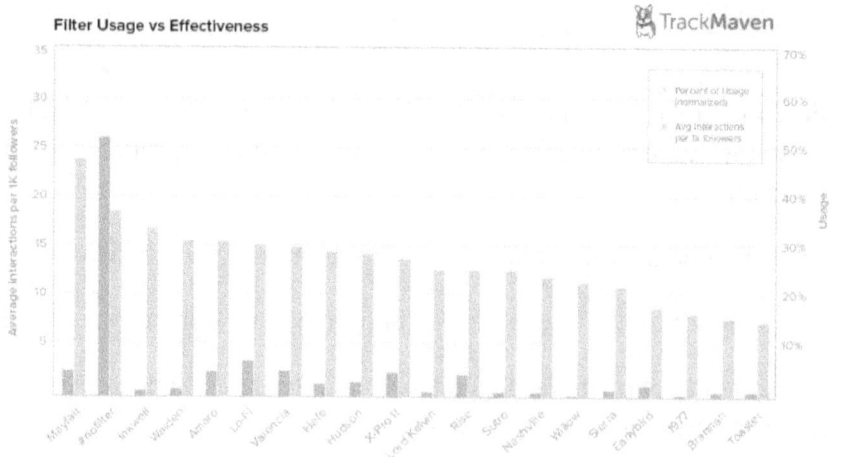

Bilder sind die Basis für Instagram

Noch mal: Es ist wichtig, sich immer wieder vor Augen zu führen, dass bei allen möglichen Strategien und Tricks, die für Instagram so wichtig sind, trotz alledem die Bilder das Wichtigste sind, und die meisten Likes und Reaktionen bei den Bildern mit den lebhaftesten Farben, erzielt werden. Nebenbei bemerkt, gilt dies vor allem auch für Gesichter – 38 % mehr Likes für Bilder mit Gesichtern sprechen eine deutliche Sprache.

Ja, ein Schwarz-Weiß-Foto kann auch sehr gut wirken. Und ja, es können auch Jahre von Falten und Sonnenbrand geschädigter Haut durch einen geeigneten Filter geschickt verschwinden. Aber normalerweise wird das Anpassen der Fotos, zwecks einer optimalen Farbauflösung, die besten Fotos in Instagram erreichen.

Stories und Videos

Es können außerdem Stories und Videos gepostet werden. Stories, sind Serien von Bildern oder Videos, die zu einer Sequenz aneinandergereiht werden und mit Schrift oder Bannern versehen werden können.

Stories für Businesszwecke einsetzen

Ein Event oder Webinar kann so zum Beispiel angekündigt werden. Optimal ist es, innerhalb von 24 Stunden im Voraus zu posten, um eine entsprechende Spannung aufzubauen.

Es können Einblicke hinter die Kulissen gewährt werden. Zum Beispiel zum Aufbau oder etwas Privates, was nur auf Instagram geteilt wird, sodass der Anreiz dort entsprechend hoch bleibt.

Videos dürfen generell eine Länge von 1 Minute nicht überschreiten.

Es sei hier ganz klar herausgestellt, dass Videos deutlich mehr Engagement in Instagram kreieren als Bilder. Es heißt, bis zu 3 Mal mehr.

Die Videos laufen im AutoPlay, ohne Ton. Besonders hervorzuheben ist die Funktion, live Videos zu posten, was wiederum eine Länge von 1 Stunde nicht überschreiten darf.

Man geht prinzipiell genauso vor, als wolle man die Storyfunktion nutzen, wählt in der Handykamera dann "Live" aus, und beginnt zu filmen.

Das Video ist nur so lange verfügbar, wie gefilmt wird. Nach Abschluss des Videos ist dieses nicht mehr verfügbar, es sei denn, man teilt es in einer Story.

In diesem Falle kann es nochmals abgespielt werden, wird jedoch nach 24 Std. endgültig gelöscht.

Es folgt eine detaillierte Beschreibung dazu, wie man großartige Videos auf Instagram teilt, bevor der Mehrwert für Marketingkampagnen herausgestellt wird.

Kurz zum Hintergrund: Instagram hat Videofunktionalitäten in 2013 eingeführt und sukzessive die Spieldauer erhöht. Aber wie kann man nun mit dem verfügbaren 60-Sekunden-Video etwas Gewinnbringendes anstellen?

Zugegebenermaßen wird die Videofunktionalität nicht so oft angewandt, wie die der Standardfotos, jedoch nimmt die Beliebtheit zu.

Eine wunderbare Funktion der Videos ist, dass diese automatisch im Feed abspielen.

Man muss nichts klicken, man muss nicht die Seite verlassen, man muss quasi nichts tun, außer zu schauen.

Videos sind erkennbar an dem kleinen Kamerazeichen in der oberen rechten Ecke.

Wenn man aufhört zu scrollen, dann wird das Video innerhalb einer Sekunde automatisch anfangen, abzuspielen. Man kann das Video zu jeder Zeit pausieren, indem man es anklickt.

Ein Pausezeichen wird dann in der oberen rechten Ecke erscheinen. Um das Video weiter abzuspielen, klickt man einfach erneut auf das Pausezeichen. Nachdem das Video fertig abgespielt ist, wird es stoppen und sich wieder zu dem ursprünglichen eingerahmten Bild wandeln. Es gibt keine automatische Wiederholungsfunktion. Wenn man es ein weiteres Mal anschauen möchte, muss man erneut auf das Video klicken.

Videos aufnehmen

Wenn man Videos aufnehmen möchte, kann man dies direkt aus der Instagram-Anwendung heraus tun, indem man auf das Kamerasymbol, auf der unteren Leiste, klickt. Sobald man das Videosymbol angeklickt hat, hält man das große Kamerasymbol gedrückt, um aufzunehmen. Solange man gedrückt hält, fährt die Videoaufnahme fort.

Man kann stoppen, indem man den besagten Knopf drückt und loslässt, bis man das gewünschte Video aufgenommen hat.

Es ist empfehlenswert einen Tripod (dreibeinigen Ständer) als Unterstützung für das Telefon zu nutzen, wann immer es nötig ist, ein Video mit Standbild zu produzieren. Auf diese Weise wird eine deutlich bessere Bildqualität möglich.

Während man das Video aufnimmt, wird man eine kleine blaue Leiste quer über dem unteren Bildschirm sehen.

Wenn man ein durchgehendes Video aufnimmt, wird auch die Leiste durchgehend sein. Unterbricht man die Aufnahme, ist auch die Leiste unterbrochen. Einzelne Aufnahmen können per Klick auf das "X" an der linken Seite gelöscht werden.

Videos entstören

Instagram hat eine Sonderfunktion, die Videoaufnahmen, welche während Bewegung entstehen, stabilisiert und ausbalanciert.

Falls bereits Videos existieren, die lediglich geteilt werden sollen, ist dies ebenso möglich. Sobald man das originale Video ausfindig gemacht hat, kann Selbiges mit Instagram geteilt und somit importiert werden. Danach kann es auf die rechte Länge zurechtgeschnitten werden. Genau wie bei Bildern, orientieren sich auch Videos an der quadratischen Bildausrichtung. Wenn ein Video in der traditionell rechteckigen Form erstellt wurde, wird man einen Teil dessen verlieren, sobald man das Video hochlädt. Man kann aussuchen, welchen Bereich man gerne nutzen möchte.

Wenn die Aufnahme so weit bereit ist, lädt man sie hoch. Generell ist der Prozess des Hochladens und Bearbeitens der Gleiche, wie bei Fotos. Auch hier existieren verschiedene Filter, die sodann zur Auswahl stehen.

Im Anschluss daran wird ein Rahmen zur Auswahl des Videotitelbildes ausgesucht.

Dies ist das Bild, welches die Follower im Feed angezeigt bekommen.

Es macht an dieser Stelle durchaus Sinn, nicht das erstbeste Cover auszuwählen, sondern über den Sinn und Zweck des Videos nachzudenken. Nun, da der Rahmen ausgewählt wurde, kann man in der Bildbeschreibung fortfahren, und gegebenenfalls einen Ort hinzufügen. Damit ist der gesamte Prozess abgeschlossen und das Video kann endlich heraufgeladen und veröffentlicht werden.

Besonders gut kann man übrigens „do-it-yourself-Tipps" veröffentlichen oder besondere Fähigkeiten präsentieren.

Videoankündigungen und Zeitraffer

Auch spezielle Ankündigungen können in einer öffentlichen Nachricht den besonderen Rahmen erhalten.

Zeitraffervideos offenbaren eher optische Stärken. Zum Beispiel, wenn der Schnee in Rekordzeit fällt, der Sonnenuntergang zauberhaft wirkt oder die Kinder mit jedem Monat süßer werden. Es wird im Weiteren noch ausgiebiger auf den Zeitraffermodus eingegangen.

Alle Möglichkeiten sind hier gegeben, um Videos professionell und ansprechend darzustellen, ohne viel in hochpreisige Ausrüstung zu investieren.

Videos sind eine gute Wahl, da sie besonders die Rate zum Kaufabschluss erhöhen und nicht nur das Branding emotional aufladen.

In diesem Falle ist kürzer, gleichbedeutend mit besser. Keine kleinlichen Details, die ansatzweise langweilen könnten. Es sollte sich dediziert um die Kernbotschaft drehen und die Nachricht in so wenig Worten, wie möglich, rübergebracht werden.

Das ist notwendig, um die Aufmerksamkeit der Betrachter zu halten und sicherzustellen, dass diese bis zum Ende dranbleiben.

Es kann Text für den AutoPlay-Modus zugefügt werden.

Wenn ein Benutzer durch den Feed scrollt, wird ein Video automatisch abspielen.

Insbesondere, da der Ton ausgestellt sein wird. Solange der Benutzer nicht auf das Video klickt, bietet es sich an, dass lesbarer Text in das Video eingefügt wird.

Auf diese Weise kann die Aufmerksamkeit der Benutzer eingefangen werden, ohne, dass Selbige eine aktive Entscheidung treffen müssen, ob sie sich dafür entscheiden wollen, das Video zu schauen oder nicht.

Ein Maximum an Sichtbarkeit wird durch quadratische Videos erreicht. Quadratische Videos mit einer Auflösungsrate von 1:1 ergeben messbar mehr Teilnahme auf Facebook. Das Gleiche gilt für viele andere soziale Netzwerke. Tatsächlich hat eine Studie von Buzzfeed ergeben, dass 75 % von den meist geteilten Videos, über den Zeitraum von einem Monat, quadratisch waren. Es scheint, als wären Anwender abgeneigt, auf Vollbildschirmvideos zu klicken, die nur ein paar Sekunden lang sind.

Generell gilt: Was nicht gesehen werden kann, kann auch keine Beteiligung kreieren.

Es sollte einfach für Betrachter gemacht werden, eine klare Nachricht, eingebettet, in einem klaren Format, aufzunehmen.

Marketingbeispiele für Zeitraffervideos (Hyperlapse / Timelapse)

Der Einsatz von sogenannten Hyperlapse-Videos ist, wie angedeutet, extrem anziehend und kann simples Videomaterial in hochkarätiges Marketingmaterial verwandeln.

Einige Beispiele:

Es bietet sich an Besuchern zu zeigen, was sie zu erwarten haben, und warum sie einen bestimmten Ort aufsuchen sollten. Eine einfache Fahrradfahrt mit laufender (wohlgemerkt fixierter Kamera), kann bereits sehr ansprechend zubereitet werden.

Das wirkt für Attraktionen, Hotels, Urlaubsorte aber auch Events. Es kann zum Beispiel gezeigt werden, wie Besucher vom Hotel anreisen und den Konferenzraum ansteuern.

Ebenso können Produkte aus ihrer Verpackung herausgeholt werden und die Produkte im Zeitraffer aufgebaut / herausgenommen werden. Besonders, wenn man ein neues Produkt anbietet, kann man dieses vorher exklusiv in einem Hyperlapse-Video vor den Augen der Follower auspacken, bevor es in die Regale kommt.

Einen Einblick hinter die Kulissen zu geben, kann auch bei kleinen beziehungsweise mittelgroßen Events reizvoll für die Besucher sein. Einblick in Büros ist auch eine Option. Das Herstellen eines Produktes im Zeitraffer kann wunderbare „Von-Anfang-bis-Ende-Videos" schaffen.

Das Weiße Haus hat dies genutzt und recht erfolgreich eine 15-sekündige Tour seiner Innenräume gegeben. Okay, das ist ein recht abgehobenes Beispiel. Etwas mehr "down-to-earth" mutet es da an, wenn man sich einen Bauernhof vorstellt, der beim Erntefest den Besuchern Einblick in die Ernte ermöglicht oder auch in das Wachstum von Pflanzen, im Gewächshaus. Wer dann einen Like abgegeben hat, bekommt 5 % Rabatt auf beispielsweise die geernteten Kürbisse. Wer einen Like und einen Kommentar gegeben hat und zusätzlich Follower geworden ist, bekommt 10 % Rabatt.

Stories, die per Video erzählt werden und Privates zeigen, können mit subtilem Einsatz von Produkten im Alltag, dezent angepasst werden.

3. Wie funktioniert Instagram - Fortgeschritten

Hashtags - Schlagworte

Der Hashtag ist ein vorangestelltes Doppelkreuz (englisch "Hash"), das somit quasi ein Thema markiert ("tagged"). Bekannt ist der Einsatz im Social-Media-Umfeld vor allem von Twitter. Die Suchfunktion in Instagram ist nicht so einfach wie in Twitter oder Facebook.

Das gilt insbesondere für Handys und ist ein weiterer Grund, warum Hashtags besonders für Instagram wichtig sind.

Es ermöglicht Personen, die gezielt nach Themen suchen, die geposteten Beiträge einfacher zu finden.

Ohne diese Markierungen kann man keinen Erfolg bei Instagram generieren.

Das heißt nicht, dass man es übertreiben sollte. Mehr als 30 Hashtags pro Tag kann man ohnehin nicht erzeugen.

5 Hashtags	9 Hashtags	11 Hashtags
45.12	**46.58**	**77.66**

Prinzipiell ist es besser mehr Hashtags zu nutzen, um so verschiedene Nutzergruppen zu erreichen. TrackMaven fand heraus, dass der Einsatz von 11 Hashtags, 77,66 % mehr Engagement verursacht, gegenüber keinem einzigen Hashtag. Dies sagt aus, dass auf Instagram neue Inhalte gefunden werden und nicht nur die eigenen Follower relevant sind, sondern auch jene, die neue Inhalte suchen.

Wie man diese Inhalte nun erstellt und relevante Hashtags findet, ist sozusagen das Salz in der Suppe. Ähnlich, wie in einer Suchmaschine, kann man Keywords recherchieren.

Die Suche kann sich danach ausrichten, was ähnliche Nutzer anwenden oder zum Beispiel auch nach den beliebtesten Hashtags (einsehbar bei "Webstagram").

Zunächst einmal sei erwähnt, dass sich anbietet, in der Bildbeschreibung lediglich 2 - 5 Hashtags zu platzieren, und die weiteren Hashtags mittels eines simplen Tricks, quasi zu verstecken. Direkt nachdem der eigene Post eingestellt ist, kann man sein Bild kommentieren und bis zu 30 Hashtags dort einfügen. Das hat zum Vorteil, dass man die Hashtags im Kommentar nicht sehen kann und sie somit auch nicht im Feed der Follower auftauchen.

Wenn man nun die beliebtesten Hashtags wählt, erreicht man sicherlich über Begriffe wie "#love" oder "#cute" mehr Benutzer. Jedoch werden die meisten Besucher sicherlich nicht lange aktive Follower bleiben, sondern nur kurzfristig die Reichweite vergrößern.

Deswegen ist es angeraten, diejenigen Hashtags zu nutzen, die relevant und aussagekräftig der eigenen Persönlichkeit oder Marke entsprechen.

Ein weiterer Vorteil von unbeliebten Tags ist, dass man automatisch höher in deren Suchergebnis aufgeführt wird. Die Strategie ist vergleichbar mit "long-tail-Keywords", wie man sie aus der Suchmaschinenoptimierung kennt.

Eine gemischte Hashtagstrategie könnte so aussehen, dass man sehr beliebte, moderat beliebte und unbeliebte Hashtags kombiniert. Das Beste aus beiden Welten, sozusagen.

Um die richtige Auswahl für Hashtags zu treffen, die zu Produkten oder Marken gehören, ist es ratsam, spezifisch nach verschiedenen Schlüsselwörtern zu suchen. Diese können dann zum Beispiel in Evernote gespeichert werden. Dies erleichtert das Uploaden von unterwegs ungemein.

In der Instagram-Suche erhält man, beim Einfügen von einem # und einem nachfolgenden Buchstaben, ähnlich wie in der Google-Autovervollständigung-Funktion, entsprechende Vorschläge. Die App Iconosquare bietet hier einige Optionen.

Was, wenn ich bereits in Instagram aktiv war und keine Hashtags benutzt habe?

Kein Problem. Es ist einfach, ältere Posts zu besuchen und relevante Hashtags in den Kommentaren zuzufügen. Das kann einem nicht nur zu mehr Engagement verhelfen, sondern auch neue Nutzer bescheren.

Örtliche Markierungen (Local Tagging)

Man kann die eigenen Posts auch mit einer Örtlichkeit verknüpfen und so die Aufmerksamkeit der Fans von einer bestimmten Gegend oder Stadt auf sich ziehen.

Nehmen wir als Beispiel Köln. Versieht man sein Geschäft, beziehungsweise seine Produkte mit der Markierung "Köln", so werden gegebenenfalls auch Besucher des Doms, des Zoos, Fans des Rheins, 1. FC Köln oder sonstige der 203.000 Follower darauf aufmerksam.

Ein weiterer Trick ist das wiederholte Posten und Markieren

Diesmal ist die Idee, andere dazu zu bewegen, die Werbung für einen selbst zu erledigen, indem man einen Anreiz bietet. Das bedeutet, dass man seinen Followern die Chance gibt, etwas zu gewinnen (einen Coupon, ein Give-away etc.), wenn sie ein Bild bei sich posten. Die

Netzwerkeffekte von Instagram werden so optimal, im Stile von viralem Marketing genutzt. Mit wenig Einsatz werden von den eigenen Fans, neue Fans für einen selbst generiert. Auch Partnerschaften mit anderen Marken sind denkbar, sodass man Fans von ähnlichen Anbietern direkt auf die eigenen Angebote aufmerksam macht.

Überhaupt ist es angeraten, der Konkurrenz zu folgen, beziehungsweise zumindest denen, deren Produkte ergänzend zu den Eigenen, jedoch keine Konkurrenz darstellen.

Wettbewerbe sind eine extrem einfache Möglichkeit, sehr schnell, viele Follower zu gewinnen.

Like-it-to-get-it

"Like" es, um es zu gewinnen, ist eine erfolgreiche und simple Strategie.

Eine weitere erprobte Strategie, die Fun-Charakter hat, ist, die Follower nach ihren speziellen Schnappschüssen zu einem bestimmten Thema zu fragen.

Das Ganze kann natürlich in Facebook begleitet oder per E-Mail beworben werden.

Gewinner müssen selbstverständlich auch auf den verschiedenen Plattformen, wie Blog, Facebook-Seite, und so weiter veröffentlicht werden. Es gibt Software, wie "Wishpond", die bei der Erstellung solcher Wettbewerbe unterstützt.

Wenn durch die aufgeführten Maßnahmen eine große Gemeinschaft aufgebaut wurde, wie wappnet man sich entsprechend dafür, diese mit guten Inhalten und weiteren Posts bei Laune zu halten?

Das Schlüsselwort lautet „Engagement". Durch geschickte Inhalte und verschiedene Techniken sollen die Leute eingebunden und zum Mitmachen animiert werden.

Warum? Die Halbwertszeit in der Social-Media-Welt ist generell recht kurz. Auf Instagram sehr kurz. Ein Post in Instagram wird durchschnittlich in der ersten Stunde mehr als die Hälfte aller Nutzer einbringen. Das ist sehr schnelllebig.

Die Beteiligung kann man nun erhöhen, indem man selbst bei den eigenen Posts kommentiert und Fragen oder Aufforderungen einstellt. Das verlängert die kurzlebige Halbwertszeit und kann helfen, Topinhalte zu generieren.

Ein absolutes "Muss", ist das Beantworten von Fragen. Auf diese Weise fühlen sich die Leute gehört und es treibt auch die Rate von Kommentierungen pro Post nach oben.

Wie bewertet Instagram?

In Instagram wird generell der alten Marketingformel von Frequenz und Reichweite Beachtung geschenkt.

Frequenz bedeutet, wie oft eine Person kontaktiert worden ist.

Reichweite bedeutet, die Anzahl von Personen, die eine Nachricht gesehen haben.

Entsprechend dieser Formel filtert Instagram per Algorithmus die relevanten Posts und trennt sozusagen die Spreu vom Weizen. Eine der Hauptsachen, worauf geachtet wird, ist das Engagement der Nutzer mit den Inhalten.

Um es simpel zu halten: Wer mehr Beteiligung bewirkt, wird quasi belohnt, indem seine Posts mehreren Nutzern in der Suche zugänglich gemacht werden.

Emotionen wecken

Es scheint, als nutzen die meisten Onlinenutzer heutzutage Emojis. Emoticons. Emotionale Zeichensprache. Smileys und andere Bewegtbilder, die Gefühle auf einen Blick rüberbringen. Emojis helfen sehr, zur Beteiligung zu bewegen.

Die Firma Quintly hat in einer Untersuchung von 2.500 Instagram-Posts herausgefunden, dass Posts, welche Emojis enthalten, rund 17 % mehr Beteiligung bewirken. Die meiste Beteiligung erzielte das einfache "Herzsymbol".

An dieser Stelle sei erwähnt, dass es nicht nur Sinn macht, selbst die gängigsten Emojis zu kennen und dementsprechend einsetzen zu können, sondern insbesondere auch die Sprache der Zielgruppe und Wettbewerber zu verstehen.

Es gibt einige Anleitungen für Einsteiger, die empfehlenswert sind, wie zum Beispiel von "Hubspot" (Google: Hubspot Emoji Guide).

Es gibt 3 Orte, an denen es sinnvoll ist, Emojis einzusetzen. Bei den Profildaten, wenn man zu Handlungen auffordert und natürlich bei Kommentaren, damit selbige hervorstechen und entsprechende Aufmerksamkeit bekommen.

Wunderschön inszenierte Bilder scheinen hier nicht wirklich herauszuragen, sondern werden eher als Werbung wahrgenommen. Schnappschüsse aus dem Alltag, die richtig gute Qualität aufweisen, möglichst kreativ sind und eine stimmige Botschaft transportieren, beziehungsweise in irgendeiner Weise auffällig, sprich ungewöhnlich sind, heben sich eher aus der Masse hervor.

Die Bildbeschreibung wird oftmals vernachlässigt, wobei selbige jedoch gern gelesen wird, um zusätzliche Informationen zu erhalten. Ein Link oder Angebote zur Interaktion können hier problemlos eingestellt werden. Diese sind nicht direkt anklickbar. Dafür kann man jedoch in seinem Profil einen Link zum Blog, Shop, et cetera platzieren.

Wenn eine konkrete Aktion, ein Wettbewerb oder Ähnliches stattfindet, sollte der Link dort unbedingt upgedated werden.

Handlungsaufforderung (call-to-action)

Auf Bildern selbst, sollte eher um eine Aktion gebeten werden, wie "Klicke das Herz! Like, wenn Du zustimmst". Geschickt ist, wenn man darum bittet, bei Zustimmung zu einem Spruch oder dem Kommentar, doppelt auf das Bild zu klicken, was einem "Like" gleichkommt.

Im Instagram-Profil sollte man sich den Vorteil zunutze machen, dass dort die einzige Stelle für einen klickbaren Link besteht. Hier bietet es sich also unbedingt an, auch eine Handlungsaufforderung hinzuzufügen, damit Besucher animiert werden, auf die eigene Webseite zu navigieren.

Blogger können hier den letzten Artikel, den sie verfasst haben, einstellen.

Im deutschsprachigen Umfeld ist der Hashtag #LinkImProfil oder auch #LinkInBio beliebt.

Benutzer markieren

Andere Benutzer können mit einem vorangestellten @-Zeichen erwähnt werden. Wohldosiert kann man auch darum bitten, Freunde zu markieren, denen dieser Post gefallen könnte. Wohldosiert, damit es nicht aufdringlich wird.

Mit einem vorangestellten @, kann man manches Mal auch inhaltlich sinnvoll, den eigenen Profilnamen in einer Bildbeschreibung einfügen, sodass Nutzer dazu angeregt werden, auf das Profil zu gehen, womit sich ihnen dann die Möglichkeit bietet, auf den Link zur Webseite zu klicken.

Filter sparsam dosieren

Obwohl verschiedene Personen unterschiedliche Geschmäcker haben, kann generell gesagt werden, dass man lediglich wenige Filter einsetzen sollte. Am besten regelmäßig dieselben, sodass ein Wiedererkennungswert gegeben ist.

Das gleiche Prinzip kann auch bei der Erstellung von Bildern angewandt werden, indem Bilder überwiegend in einer bestimmten Farbtonalität geschossen oder mit entsprechenden Rahmen oder Bannern versehen werden.

4. Weitere Apps

Bilder können mit Texten sowie auch Grafiken versehen werden, automatisch zu einem bestimmten Zeitpunkt hochgeladen oder als Collage zusammengefasst werden.

Text & Grafik

• Hootsuite

Es können Beiträge für verschiedene Social-Media-Plattformen wie Twitter, Facebook, LinkedIn und Instagram vorausgeplant und verwaltet werden.

Hootsuite hat mittlerweile über 15 Millionen Benutzer und ist zunächst kostenlos.

Das gilt bei Anwendung von nicht mehr als 3 Konten, verschiedener sozialer

Netzwerke. Analysen sind übersichtlich und Nachrichten können direkt am Handy veröffentlicht oder vorausgeplant werden.

Es kann automatisch, unmittelbar oder wahlweise zu einem späteren Zeitpunkt auf verschiedenen Plattformen veröffentlicht werden.

Nachrichten können zu einer bestimmten Uhrzeit vorausgeplant werden, zu welcher mehr Aktivität auf Instagram besteht. Videos beispielsweise bieten sich laut Umfrage zwischen 17-18 Uhr an.

Hootsuite ist auf dem Handy und per Web verfügbar. http://hootsuite.com

• WORDSWAG Wordswag - http://wordswag.com/ - Bilder direkt am Handy bearbeiten, in Sekunden mit Text versehen und hochladen.

- Instaquote - Quotes in kurzer Zeit auf Bilder einfügen und aus verschiedensten Vorlagen und Stilen wählen.

- VSCO - viele nützliche Funktionen. Hervorzuheben sind vor allem die Filter.

- Canva: Zum Beispiel eigene Fonts und Farben, Logo, Webseite, Links für individuelles Branding, auf Vorlagen einfügen.)

- InstaQuote: Ansprechend beschriftete Bilder auf verschiedenen Hintergründen oder eigenen Bildern platzieren und aus einem reichlichen Fundus an Zitaten auswählen.

- Layout – mischen / sortieren von Fotos, die gemeinsam geteilt werden sollen

Weitere nützliche Apps

- **wishpond** Wishpond: Der einfachste Weg auf Instagram einen Wettbewerb zu koordinieren. Steuert auch das Zusammenspiel mit Facebook und Twitter, falls dort zum Beispiel unter dem gleichen Stichwort, wie in Instagram, ein Bild gepostet wird.

- **Combin** Combin (mehrere Accounts, Vorschau, erweiterte Such- und Sortierfunktion)

- Insta Square Photo oder InstaSize ermöglichen, dass auch verschiedene Fotoformate, auf die quadratische Standardgröße zugeschnitten werden können.

- Iconosquare: Hier kann eine Vielzahl an angesagten Hashtags einfach aufgefunden werden. Analysen, Organisation, Planung und weitere Funktionen bieten vielfältige Möglichkeiten dauerhaft gute Inhalte interessant darzubieten.

5. Wie gewinne ich mehr Follower

Einleitend beginnen wir den strategischeren Marketingteil mit einigen Worten zum Gewinnen von Fans in der Social-Media-Welt im Allgemeinen.

Es ist wichtig, anhand der gegebenen Ziele, die richtige Art von Wettbewerb auszuwählen.

Der Vollständigkeit halber sollte in Betracht gezogen werden, welche Art von Wettbewerb, auf welcher Plattform, durchgeführt werden soll, um einen integrierten Ansatz zu gestalten.

Es gibt eine Menge verschiedene Arten von Wettbewerben, wie zum Beispiel sogenannte "sweepstakes", "group offers", "vote contests", "essay contests", "video contests" und viele Weitere, die nun kurz angesprochen werden, bevor im nächsten Kapitel dann tiefgehender die Details der verschiedenen Optionen eingegangen wird.

Kurz vorweg: Auf Instagram ist in den meisten Fällen ein Fotowettbewerb das Sinnvollste.

Wie funktioniert ein Fotowettbewerb

Zunächst, um den Blick aus der Vogelperspektive für Einsteiger sowie auch für Fortgeschrittene, zu ermöglichen, nun erst mal ein Rundumblick auf die gerade erwähnten Arten von Wettbewerben, die auf anderen Plattformen positioniert sind:

Like-Gating: Bedeutet to "like" die Facebook-Seite, um etwas zu bekommen. Das Selbige gilt für Instagram. "Doppelklicken, wenn du Kühe magst". Wenn man Like-Gating benutzt, sollte man sicher sein, dass man Handlungsaufforderungen mit einbezieht (call-to-action). Die call-to-action sollte optimalerweise auch bereits auf dem Bild direkt platziert sein.

Ein Beispiel für eine entsprechende Aktion könnte zum Beispiel ein Seminar sein, welches in Kürze ansteht. Man könnte Personen dazu bringen, eine Vergünstigung zum Seminar (oder Webinar) zu bekommen, nachdem sie ein Bild mit einem Like versehen haben. Ein anderer Ansatz wäre ein Schlüsselwort zur Vergünstigung als Teil des Anmeldeprozesses.

Ein farbiger Pfeil, der direkt auf den Like-Button zeigt, hilft außerordentlich.

Parallel kann man das Gleiche auf Facebook durchführen. Jemand gibt ein Like für die eigene Facebook-Seite und bekommt eine Vergünstigung.

In Instagram ist ein guter Platz für Zusatzinformationen in der Bildbeschreibung.

Facebook bietet sicherlich etwas mehr Platz für ausführlichere Beschreibungen.

Wenn man einen Wettbewerb, sogenannte "sweeptstakes" oder "coupon offers" durchführen möchte, fragt Facebook nach Drittanbietersoftware.

Wie funktioniert Follow-Gating, um mehr Follower zu bekommen

Follow-Gating ist die Twitterversion von Like-Gating und kann mit Selbigem kombiniert werden. Eine Person muss in diesem Falle auf Twitter folgen, um etwas zu bekommen. Follow-Gating ist logistisch ein wenig anders, auf die Weise, dass alle Tweets zunächst offen für die Öffentlichkeit sind. Follow-Gating kann durch Drittanbietersoftware durchgeführt werden. Eine Software wie "Wishpond" kann dies bewerkstelligen.

Was sind Sweepstakes

Sweepstakes sind einer der besten Wege, um mehr Fans zu bekommen. Warum?

Das Eingangskriterium für Sweeptstakes ist sehr einfach zu erfüllen. Es werden lediglich Teilnehmer benötigt, die zum Beispiel ein Bild doppelt antippen oder ein Kommentar eingeben. Like-to-enter: Eine Art, einen Instagram Wettbewerb, den man sehr simpel erstellen kann, indem man in der Bildbeschreibung darum bittet, ein Bild doppelt zu tippen, was einem Like gleichkommt. Diejenigen, die doppelklicken, nehmen entsprechend teil.

Es ist zwar eine großartige Möglichkeit auf diese Weise einen einfachen Sweepstake zu starten, da es lediglich eines Doppelklicks bedarf, dennoch muss man sagen, dass man so zwar eine Menge Leute gewinnen kann, sich unter diesen aber gerne auch eine Menge Bots (automatisierter Spam) und uninteressierte Personen befinden.

Definiere die Regeln für den Sweepstake

Instagram ist eine sehr beliebte Plattform für Give-aways, da es recht wenige Regeln und Regulierungen bezüglich Give-aways gibt. Obwohl Instagram Facebook gehört, ist Instagram um einiges flexibler, betreffend Give-aways als der große Bruder, Facebook.

Warum auch immer, es gibt eine Menge Optionen auf Instagram, eigene Sweepstakes aufzubauen. Unzählige verschiedene Methoden sind verfügbar und man sollte die Beste für die eigenen Interessen auswählen. Hier sind einige der verschiedenen Sweepstake-Regeln. Ich möchte anmerken, dass es immer eine gute Idee ist, nicht nur nach einem "Like" zu fragen, sondern auch darum zu bitten, im Generellen, Follower zu werden. Es ist zwar nicht zwingend notwendig, aber dennoch eine gute Angewohnheit, da es für spätere Zeitpunkte die Marktdurchdringung einfacher ermöglicht.

Zum Mitmachen kommentieren / Taggen (tag / comment)

Die gängigste Methode für Sweeptakes auf Instagram ist zum Kommentieren oder Markieren (taggen) aufzufordern. Was ist damit genau gemeint? Teilnehmer werden gebeten, den Beitrag zu kommentieren und einige, zum Beispiel zwei ihrer Freunde, zu taggen, für die der Beitrag auch von Interesse sein könnte. Das funktioniert insbesondere, da die neuen Follower auch ihre eigenen zwei Freunde taggen. Das hilft, die Reichweite drastisch zu erhöhen. Extreme Reichweite, für einen sehr geringen Invest, ist die natürliche Folge.

Teilen, um mitzumachen (share-to-enter)

Wie der Name impliziert, bedeutet ein share-to-enter Wettbewerb, dass die Teilnehmenden einen Beitrag nochmals auf ihrem eigenen Profil posten, um teilzunehmen.

Das ist großartig, da das eigene Bild auf ganz natürliche Weise in Instagram weiter verbreitet wird und die eigene Marke und Produkte zu den Verbindungen der eigenen Follower transportiert. Leider klappt das nun nicht immer, da Instagrammer, oftmals sehr bedacht darauf sind, was sich in ihrem Feed befindet. Give-aways haben da oft keinen Platz.

Lifestylebilder teilen

Es gibt eine neue Art von Lifestylemarketing, bei der die Neugierde darauf, wie andere leben, als Antreiber wirkt. Wir wollen wissen, wie andere leben, insbesondere, wenn wir selbst nicht in der Lage sind, so zu leben. Natürlich kann man meist eben nicht so leben, deswegen ist es umso interessanter, unsere Träume durch Andere auszuleben. Berühmtheiten, reiche Personen, Unternehmer, Weltreisende, Sportler und Weitere können sehr einfach solche Lifestylebilder auf ihrem Instagram-Account posten und so Unmengen von Follower und Likes erhalten.

Aber was ist mit dem Rest, der ganz durchschnittlich lebt? Lifestyle-Pictures müssen nicht immer extrem sein, sondern können einfach bodenständige Alltagsbilder sein. Sogar einige Selfies können sich dabei befinden.

6. Fotowettbewerbe

Nun gehen wir etwas detaillierter auf Fotowettbewerbe ein, die im Prinzip genauso wie ein Sweepstake funktionieren, hier jedoch nicht per Zufall über den Sieger entschieden wird.

Fotowettbewerbe werden anhand bestimmter Kriterien entschieden.

Es ist kein Wunder, dass kleine und große Unternehmen verstärkt interaktive Möglichkeiten zum Kontakt mit ihrer Zielgruppe suchen. Emotionalität bindet Kunden und bewegt zum Erstkauf. Trotz aller Emotionalität, die geweckt werden soll, trifft hier eine allgemeine Grundregel zu, die helfen kann, eine professionelle Herangehensweise zu wahren:

Erst denken, dann handeln - ein Plan ist unheimlich wichtig, bevor man sich an einen Fotowettbewerb begibt.

Ziele definieren

Als Erstes sollte man Ziele definieren. Wie bei jeder professionellen Marketingkampagne benötigt es messbare Ziele, anhand derer man den Erfolg und auch den Invest versus Gewinn messen kann. Das ist nicht nur wichtig, um den eigenen Erfolg zu messen, sondern es kann auch interessant sein, für freiberufliche Berater, Designer oder andere Personen, die Unternehmen professionell beim Einsatz mit Instagram unterstützen.

Den Zielmarkt bestimmen

Wer sind die Nutzer und der Zielmarkt, auf dem selbige in Instagram beworben werden sollen?

Der Wettbewerb wird extrem unterschiedlich ausfallen, wenn man eine junge, männliche Zielgruppe hat, gegenüber einer reiferen, älteren, weiblichen Zielgruppe.

Das Budget definieren

Es ist sicherzustellen, dass das eigene Budget bekannt ist und man sich in diesem Rahmen bewegen kann.

Preis auswählen

Der zu vergebende Preis ist der Anreiz für Personen, mitzumachen. Es ist eines der wichtigsten Elemente des Erfolgs.

Der Anreiz sollte möglichst:

- zu dem passen, was nachgefragt wird. Beispiel: Fragt man nach einem simplen Bild, das geteilt werden soll, so ist es okay, einen simplen Preis auszugeben. Wenn man jedoch ein raffiniertes Video abfragt, dann ist auch ein größerer Preis angebracht.

- mit dem Unternehmen in Zusammenhang stehen. Wie beispielsweise eine Gutscheinkarte für Deinen Shop oder ein neues Produkt, welches man bewerben möchte.

- Handlungsdrang im Betrachter hervorrufen

Generell kann gesagt werden, dass ein besserer Preis natürlich mehr Interesse hervorrufen wird. Den richtigen Preis für die eigene Zielgruppe aussuchen ist für alle Vermarkter seit jeher "die Preisfrage" schlechthin. Es ist wichtig über die Zielgruppe nachzudenken und zu überlegen: Was sind deren Hobbys und Lebensstil? Was wünschen sich diese Menschen? Dann gilt es, dieses Wissen mit einem möglichen Preis abzugleichen.

Beispiel für eine kreative und zielgruppengerechte Kampagne:

Zielgruppe sind Yogalehrer und Yogaanwender. Umweltbewusste

Tierfreunde mit hohem Sinn für Gerechtigkeit, und dafür, etwas Gutes zu tun. Das werbende Unternehmen ist eine kleine Familienfarm, die Kühe besitzt. Beworben werden getrocknete Kuhdungfladen. Yogaanwender verbrennen Kuhdung in Feueropfern.

Kuhdung, der sachgemäß getrocknet, gereinigt und rechtzeitig gesammelt wird - und dazu von gut gehaltenen Rassekühen kommt, ist selten. Die Alternative ist Kuhdung aus Indien. Hohe Versandkosten und zweifelhafter Einfluss auf die Umwelt sind die Folge, mit der ein Einkäufer sich abfinden muss.

Es wird ein Wettbewerb über einen Tag verteilt angeboten, bei dem alle Kuhfladen, die die kleine Herde der Farm produziert, an Ort und Stelle abgelichtet und gepostet werden. Gesucht wird der schönste Kuhfladen. Derjenige, der durch wiederholte Posts der Follower am meisten Likes erhält, wird als Preis kostenfrei verarbeitet und an den glücklichen Gewinner versandt.

Aufgrund der Ausgefallenheit und Nischenrelevanz, plus der Ausgefallenheit der Sache, gepaart mit der Ernsthaftigkeit für die Yogaanwender, an und für sich, kann sehr schnell viel Aufmerksamkeit auf den Wettbewerb gezogen werden.

Eine gute Gelegenheit, viele Follower zu gewinnen, ist, in der eigenen Biografie einen Link auf den Blog, Shop, Facebook-Account oder Ähnliches zu platzieren. Erinnerung: Es kann kein klickbarer Link in die Bildbeschreibung eingefügt werden.

Eine gut merkbare Domain, die ausgefallen und kurz ist, wie zum Beispiel www.monk.farm, könnte jedoch in der Bildbeschreibung durchaus Sinn machen.

Es gibt viele Wege, etwas über die Zielgruppe herauszufinden. Einige Wege sind die Folgenden:

- Für welche Posts haben die aktuellen Fans am meisten Likes verteilt
- Was hat das meiste Engagement eingebracht
- Welche Hashtags wurden von den Benutzern am Häufigsten benutzt
- Welche Tweets auf Twitter wurden am Meisten verbreitet
- Professionelle Analyse kann auch per Software erfolgen Weitere Fragen, die einem dabei helfen können, eine erfolgreiche Aktion zu gestalten:
- Was ist das Ziel vom Einsatz des Preises?
- Wie viel Aufwand verlangt man den Anwendern ab?

Wenn man zu wenig anbietet, wird man nicht viel Motivation erhalten und dementsprechend auch nicht eine Menge Follower erhalten. Wenn man etwas zu Großes anbietet, wird man vielleicht eine Menge Fans erhalten, von denen aber ein Großteil keine richtige emotionale Bindung hat.

Konkret gesprochen kann das heißen, dass man für ein einfaches Like auf der Facebook-Seite, einen recht geringen Anreiz setzen kann. So wie ein E-Book oder etwas anderes Geringpreisiges, zum Beispiel.

Wenn man Benutzer jedoch dazu einlädt, eigene Videos zu erstellen und selbige über Twitter zu senden, dann muss der Anreiz entsprechend hohen Gegenwert haben.

Was kann man anbieten, sodass auch die Marke davon profitiert?

Idealerweise passt der Preis zum Unternehmen, zum Dienst, den man anbietet oder zum Firmenimage.

Man möchte Follower, die sich online mit einem verbinden. Mit der Marke und dem Produkt. Man sollte nicht einen Preis, wie ein iPad, aussuchen, nur, weil man weiß, dass es ganz einfach viele Leute anlockt. Wenn ein iPad keinerlei Relevanz für die eigene Unternehmung besitzt, wird man lediglich mehr Follower kreieren, aber diese werden nicht zwangsläufig interessiert an der Marke oder dem Produkt sein. Wenn man mehr authentische Fans haben möchte, sollte also ein Preis gewählt werden, der zum Unternehmen und Produkt passt.

Es ist sehr einfach, wenn man ein neues Produkt bewirbt. In dem Falle kann man einfach das neuartige Produkt als Preis anbieten. Einen Gutschein für den Onlineshop oder ein exklusives Angebot zu einem bestimmten Angebot, für jeden, der auf Twitter folgt oder Likes auf der Facebook-Seite verteilt.

Ein Preispaket anbieten

Man kann ein Vielfaches an Preisen zusammen bündeln, zum Beispiel ein oder mehrere relevante Produkte, plus einige Proben. Auf diese Weise kann der Wert des Gesamtpreises angehoben werden und ihn interessanter und reizvoller machen. Dies gibt mehr Anreiz zur Teilnahme.

Partnerschaft mit einer anderen Marke

Ebenso kann eine andere Marke zur Partnerschaft bewogen werden. Diese kann den Wettbewerb entweder leiten oder den Preis sponsern. Eine Marke, mit ähnlichen Produkten oder Leistungen, wie den eigenen, kann eine sehr gute Ergänzung sein. Zum Beispiel bei Verkauf von Babykleidung kann man einen Hersteller von Babynahrung zur Kooperation einladen. Bilder von süßen Babys, die gerade die entsprechende Kleidung tragen oder die Nahrung essen, könnten inhaltlicher Bestandteil der Kampagne sein. Ein anderer möglicher Fall ist, dass eine Reiseagentur einen Partner aussucht, der Koffer verkauft. Eine Reise oder entsprechende Vergünstigung könnte einen musterhaften Luxuspreis darstellen.

So können beide Partner ihre jeweiligen Kunden und Leads einbeziehen und außerdem mögliche Kosten teilen. Klassische Win-win-Situation.

In der eigentlichen Umsetzung des Wettbewerbs sollte dann auf eine eindeutige Beschreibung geachtet werden. Dazu gehört in jedem Falle, Details zu Beginn und Ende des Wettbewerbs anzumerken. Auch, dass es notwendig ist, den Hashtag der Kampagne zu verwenden. Falls mehr gesetzliche Notwendigkeiten bestehen, sollten diese unbedingt beherzigt werden.

Details darüber, wie der Gewinner ausgewählt wird, geben der gesamten Aktion mehr Seriosität und den potenziellen Teilnehmern Verbindlichkeit und somit Anreiz zur Teilnahme.

Wählt man die Gewinner per Zufall aus, durch eine Jury oder per Abstimmung? Stimmt man ab, birgt das ein virales Ausbreitungspotenzial, da sich das Wort diesbezüglich von Freund zu Freund ausbreiten wird, um Stimmen einzufangen.

Wenn man durch User erstellte Inhalte weiter nutzen möchte, sollte unbedingt vorab sichergestellt werden, dass die späteren Nutzungszwecke gesichert sind, indem die Teilnehmer zustimmen.

Informationen über die Eintrittsmöglichkeiten

Ebenso sollten Informationen über die Eintrittsmöglichkeiten in einen Wettbewerb klar sein. Es ist möglich, Teilnehmer lediglich über Instagram eintreten zu lassen, über andere soziale Netzwerke, über E-Mail oder Andere.

Ein weiteres Kriterium, welches zu bedenken ist, ist das Teilnehmerlimit.

Wenn die Eintrittsbedingungen klar sind, erhöht das die Teilnahmebereitschaft, wobei Unklarheiten ein deutliches Hindernis darstellen können.

Neben den vorgestellten Methoden zur Promotion der Aktion, welche bereits voran gehend beschrieben wurden, gilt es, auch das Medium E-Mail zu beachten. Ja, E-Mail-Marketing wirkt immer noch. Es ist persönlich und kann spezielle Bereiche gezielt erreichen. Auch hier ist klare Kommunikation darüber notwendig, welcher Preis angeboten wird, wer der Anbieter ist, wie man teilnehmen kann, unter welchen Bedingungen.

Bilder vom Preis und leicht anklickbare Handlungsaufforderungen sind Schlüssel zum Erfolg.

Cross-Promotion, auf verschiedenen Plattformen, wurde bereits beschrieben.

Ein gesonderter Blogartikel kann mit direkten Links zu Instagram und zum speziellen Wettbewerb ausgestattet werden. Auch hierhin gehören Bilder vom Preis, einfach anklickbare Handlungsaufforderungen.

Wenn man darüber hinaus einen Gastbeitrag in einem Blog schreiben kann, der zu einer verwandten Branche gehört, sollte man diese Gelegenheit unbedingt wahrnehmen. Ohne, wie Spam zu wirken. Eine solche Möglichkeit kann man nur nützen, wenn man bereits eine Präsenz auf dem entsprechenden Blog aufgebaut hat.

Auch traditionelle Medien, Papier basierter Natur, können von großem Nutzen sein. Eine kurze Presseveröffentlichung kann Wunder wirken.

Natürlich können bezahlte Dienste, wie Google-Ads, Twitter-Ads oder Facebook-Ads und Promoted-Ads begleitend eingebunden werden. Platzieren eines Banners auf der Webseite stellt sicher, dass jeder der Besucher über die Aktion informiert ist.

QR-Codes können direkt auf Printmedien aufgebracht werden. In einem Geschäft, Restaurant können potenzielle Teilnehmer einfach den Code mit ihren Telefonen scannen und so am Wettbewerb teilnehmen.

Es sollte nicht vergessen werden, dass es viele Internetseiten, speziell für Wettbewerbe, gibt.

Wenn der Wettbewerb einmal begonnen hat

Einige Tipps dazu, den Wettbewerb zu überwachen.

Google-Alerts hilft, den Hashtag der Firma und Kampagne zu überwachen.

Google-Analytics hilft dabei, die Resultate zu überwachen und den Text anzupassen.

Facebook-Insights hilft Einsicht über Facebook -Anzeigen zu gewinnen.

Drittparteianalysen können helfen, Echtzeitanalysen zu erhalten und direkt E-Mail-Adressen zu sammeln. Entsprechend der Echtzeitzwischenresultate kann man die Justierung der Kampagne anpassen. So kann man zum Beispiel eine zweite E-Mail aussenden.

Wenn die Zwischenresultate ernüchternd sind, kann man die Beschreibung anpassen, indem man bessere Schlüsselworte zur Beschreibung des Wettbewerbs anwendet, bessere Fotos des Preises beifügt.

Nach dem Wettbewerb

Wenn der Instagram-Wettbewerb vorbei ist, sollte man unbedingt nachfassen.

In Kommunikation mit den Followern bleiben. Die Arbeit ist noch nicht abgeschlossen.

Es gilt nun, die neu begonnene Beziehung auszubauen und potenzielle Kunden zu gewinnen.

Die angesprochene Kommunikation kann daraus bestehen, dass man den Gewinner benennt, über das Ende des Wettbewerbs berichtet oder nachvollziehbar den oder die Gewinner auswählt. Eine öffentliche Abstimmung, auslosen oder eine Jury, können Mittel der Wahl sein. Lass die Gewinner wissen, dass sie gewonnen haben, und sende Informationen dazu, wie der Preis entgegengenommen werden kann. Am besten wird direkt auf Instagram benachrichtigt.

Das Foto des Gewinners kann auf Instagram gepostet werden. Ein wenig Berühmtheit für den Teilnehmer erhöht den Anreiz für zukünftige Teilnehmer und zeigt den Preis, erneut mit einem freudestrahlenden Gewinner.

Facebook und Instagram sind sich sehr nah. Diesen Umstand sollte man sich zu Nutzen machen, wenn es darum geht, die Gewinner zu präsentieren. Auch ein zukünftiger Wettbewerb kann hierbei direkt benannt und terminiert werden.

Die Gewinner können mit einem Foto auf Twitter gezeigt werden

Alle Teilnehmer können angeschrieben werden. Eine E-Mail, zum Nachfassen, kann zu allen Teilnehmern mit Worten des Dankes, bezüglich der Teilnahme, gesandt werden. Ein kleiner Discount im Onlinestore oder andere Vergünstigungen können die Verbindung aufrecht halten. Beim nächsten Wettbewerb sollten alle Teilnehmer erneut angeschrieben werden.

Regelmäßige Wettbewerbe abhalten

Wiederholt man die Wettbewerbe regelmäßig, kann man an den notwendigen Stellschrauben des Erfolgs drehen und aus den Erfahrungen lernen. Eine Regelmäßigkeit kann Gewohnheit schaffen und den richtigen Drive zum Erfolg liefern.

Beherzigt man diese Dinge, ist man sicherlich auf dem Weg mehr Follower und echte Fans zu gewinnen.

7. Bezahlte Werbung in Instagram

Neben all diesen grundlegenden Einstellungen und Tipps gibt es auch die Möglichkeit der klassischen Werbung. Fast klassisch, zumindest. Per Bezahlung kann man Personen mit einer großen Gemeinde dazu bewegen, Produkte zu platzieren oder eigene Posts zu kommentieren.

Auch in diesem Falle gilt, dass übermäßig professionell anmutende Werbung in Instagram nicht wirkt. Es sollte möglichst nicht nach einer Verkaufsaktion aussehen, sondern natürlich eingebettet werden.

Heutzutage sind die meisten Menschen blind gegenüber klassischer Werbung und übersehen Banner und alles, was entfernt danach aussieht.

Wie kann man also solche werbeblinden Personen erreichen?

Durch Empfehlungen von anderen Personen. Wenn diese Empfehlungen dazu noch von vertrauenswürdigen Menschen, Freunden, Familie, Kollegen oder Vorbildern auf eine indirekte Weise erfolgen, wird das besonders gut aufgenommen.

Multiplikatoren-Marketing, bei dem Meinungsmacher in die eigene Werbung eingebunden werden, ist im Rahmen der sozialen Medien stark im Kommen und besonders einflussreich auf Instagram. So kann man sich zum Beispiel vorstellen, dass ein Sportler, der für ein Fitnessgetränk wirbt, eine extreme Beteiligung erreichen wird, indem er sich mit einem schönen und natürlich dargestellten Bild, mit dem jeweiligen Getränk ablichtet und einen passenden Kommentar verfasst.

Es gibt einige Firmen, die darauf spezialisiert sind, Multiplikatoren mit Instagrammern zusammenzubringen. Da wäre zum Beispiel die "Tribe"-Gruppe oder "Whalar". Es handelt sich dabei um Marktplätze mit mehreren Tausend Multiplikatoren. Während Tribe sich auf Nischenmultiplikatoren spezialisiert hat, hat Whalar auch die größeren Namen an Bord. Die Idee ist, beide Parteien an einem sicheren Ort, zusammenzuführen. Das heißt, sie werden beide, die Multiplikatoren und die Instagrammer, prüfen, um die besten Treffer miteinander zu vereinen.

Es wird eine Liste mit möglichen Multiplikatoren angeboten, die optimale Treffer darstellen, von der man dann selbst sortieren und auswählen kann.

Neben diesen beiden Angeboten für mittlere und große Reichweite, gibt es noch "BrandSnob", die mit ungefähr 2.000 Multiplikatoren arbeiten und in etwa 350 Benutzer erreichen. Deren Multiplikatoren werden ihre jeweiligen Preise und entsprechende Staffelungen aufführen. Preise können beispielsweise zwischen 20 - 500 US-Dollar liegen.

Cross-Promotion

Nun, da wir ausreichend über Hashtags, Inhalte und einige Werbemaßnahmen gesprochen haben, sei noch einmal festzuhalten, dass es nicht sonderlich einfach ist, in Instagram von anderen Benutzern gefunden zu werden.

Eine einfache Maßnahme, um den Start etwas leichter zu machen, ist, den Instagram-Account in allen anderen Kanälen, die einem zur Verfügung stehen, zu bewerben.

Auf der Webseite, beispielsweise, sind vielleicht bereits viele Hunderte, wenn nicht gar Tausende Benutzer. Jedoch haben die meisten Instagrammer lediglich einen kleinen, unscheinbaren Button auf ihrer Webseite.

Oftmals kann ein kleines Softwaremodul Inhalte von Instagram direkt auf der Webseite erscheinen lassen. Viele Besucher einer Webseite sind nicht direkt entscheidungsfreudig, irgendwelche Services oder Produkte zu kaufen. Die Meisten sind noch nicht bereit, sondern eher irgendwo im Anfang ihrer Entscheidungsfindung.

Den Instagram-Account leichter auffindbar zu machen, kann also von daher einen günstigen "Plan-B" liefern, dem neue Besucher folgen können, um ihre Beziehung zu vertiefen, bis es so weit ist.

Offensichtlich ist Facebook die nächstbeste Gelegenheit, seine kleine Schwesterplattform Instagram, zu promoten. Mindestens kann man den Instagram-Feed seiner eigenen Facebook-Seite zufügen. Jeder Post wird dann automatisch auf Facebook gepostet.

Klickbare Links in bezahlter Instagram-Werbung

Durch klickbare Links in Instagram-Werbung bekommt man eine Gelegenheit, nicht nur kreativ zu sein, sondern die Follower auch direkt in die gewünschte Richtung weiterzuleiten.

8. Tipps und Tricks: Leitfaden zur praktischen Anwendung

Nachdem nun die Grundlagen technischer Natur und die Strategien zum Marketing eingehend vorgestellt und abgewogen worden sind, ist es Zeit, aktiv zu werden.

Diejenigen, die bereits in Instagram aktiv sind, werden sich ohnehin an der einen oder anderen Stelle gefragt haben, wie man eine Einstellung verändern oder eine bestimmte Information erhalten kann. Die nicht ganz selbsterklärenden Tipps und Tricks, die einem den alltäglichen Umgang in Instagram ungemein erleichtern, werden nachfolgend in einer losen Aufzählung beschrieben.

Diese Tipps können wunderbar als Leitfaden, parallel bei der Einführung, von den bis dato aufgeführten Punkten, dienen.

Alle Posts sehen, die man geliked hat

Wenn man sich in der Recherchephase befindet, kann man zunächst einmal in den eigenen Favoriten nachschauen, wobei es möglich ist, die letzten 300 Posts anzusehen.

Eine gute Reflexion dafür, was die eigene Aufmerksamkeit erregt.

Zunächst wählt man dafür das eigene Profil aus, tippt sodann auf das Zahnradsymbol (bei iOS) oder drei Punkte (für Android), um die Einstellungen vorzunehmen. Dort sind dann Beiträge zu sehen, die man geliked hat.

Dieser Vorgang ist nur auf Smartphones, in der App selbst, anwählbar, nicht jedoch am Computer. Möchte man eine Liste der aktuellen Beiträge sehen, die man zuletzt geliked hat, kann man Instagram zu

Hootsuite, in das verfügbare Dashboard einfügen, und dort einen Like-Stream einrichten.

Einen Webseitenlink zur eigenen Biografie zufügen

Hier geht es wohlgemerkt nicht nur um den eigenen Blog, sondern etwas ausgefeiltere Methoden.

Die einfachste Weise, Instagram-Follower zur eigenen Webseite zu dirigieren, ist, die "link in bio"- Taktik. Wie schon angesprochen, lässt Instagram einen klickbaren Link in der Biografie zu, also sollte sichergestellt werden, dass diese Option sinnvoll genutzt wird.

Um einen Link hinzuzufügen, muss man das Profil anpassen und den Link der Webseite in den Text einfügen. So weit, so gut.

Mit dem Angebot von „Have2Have.it" kann man es machen, wie „The New York Times".

Man wird daraufhin zu einer Seite geführt, die in der gleichen Stimmung und Optik wie Instagram daherkommt. Dort können die Besucher Bilder anklicken, um Produkte zu bestellen oder Inhalte zu lesen. Auf der Seite für die New York Times kann man die Topstorys des Tages lesen. Betrachter können praktisch mit einem Klick auf ein Bild die dazugehörige Story lesen.

In einem übersichtlichen Dashboard kann man tiefere Einsicht dazu gewinnen, was für Inhalte am besten abschneiden. Entsprechend der besten Posts, kann man dann seine weitere Strategie zu Inhalten anpassen.

Indem man Klicks auf Instagram nachverfolgt, kann man entsprechend Abonnenten für Onlineinhalte wie Blogposts, Newsletter oder E-Mail-Kampagnen optimieren.

Eine kurze "Bitly"-URL, beziehungsweise ein individueller Link hilft hier abermals, um nachzuverfolgen, von welcher Quelle die Besucher auf den Inhalt gelangt sind.

Generell kann man diese Taktik dazu nutzen, jegliche Links, also auch für Webshops, YouTube-Kanäle oder Firmenblogs einzusetzen. Um es noch einen Schritt weiter zu führen, kann man eine Instagram- "Landingpage" erstellen, die E-Mail-Adressen sammelt, wie zum Beispiel durch herunterladbare Inhalte (zum Beispiel E-Book).

Die Landingpage sollte eine Spiegelung vom Instagram-Feed darstellen, sodass der Betrachter eine visuelle Verbindung herstellen kann.

Einen Link in Videos platzieren

Instagram-Videos bringen digitale Geschichten zum Leben. Tatsächlich ist es so, dass Videos in Instagram ungefähr dreimal so viele Klicks generieren, wie Bilder.

Also ist es definitiv sinnvoll in ein 15-sekündiges Video zu investieren.

Marken nutzen Videos, um auf innovative Weise ihren Feed anzureichern.

Ihre Videos sind dann so ähnlich aufgebaut, wie eine Fernsehwerbung.

Ein Link kann einfach über dem Videoinhalt "schweben" oder am oberen oder unteren Rand angebracht sein und auch mit Ton wiederholt werden. Solche Videos müssen lustig und ermunternd sein, um Follower dazu anzuregen, mehr zu lernen und letztendlich auf die Webseite zu navigieren.

Suchverlauf löschen

Möglicherweise ist bei der Nutzung von Instagram bereits aufgefallen, dass Suchanfragen gespeichert werden und beim nächstmaligen Eingeben, Suchbegriffe per automatischer Vervollständigung, bisher verwandter Suchbegriffe, angezeigt werden. Wer diese nicht angezeigt bekommen möchte, kann das Folgende unternehmen:

Klicken Sie das Personenzeichen an, um das Profil zu öffnen. Nun gehen Sie auf das Zahnradzeichen (in iOS) oder die drei Punkte (bei Android), um in die Einstellungen zu gelangen. Dort muss nach ganz unten gescrollt werden, wo dann der Suchverlauf gelöscht werden kann.

Dies ist auch möglich für gesamte Accounts, Standorte oder Hashtags, sodass diese ganz aus der Suchanzeige entfernt werden können und nicht bei erneuten Suchen auftauchen. Dazu bedarf es nur eines Antippens des Lupensymbols, um wieder auf die Startseite zu gelangen. Dort tippt man dann unten auf die Suchanfrage, die letztlich verborgen werden soll, und hält diese gedrückt.

Filter neu anordnen

Filter, die besonders gern genutzt werden, sollten sich schneller finden lassen. Dazu braucht es lediglich eine Änderung in der Reihenfolge der Filter. Es können außerdem Filter verborgen werden, die gänzlich unbeliebt sind.

Zunächst wählt man die Filteransicht aus, nachdem man ein Video oder Foto hochgeladen hat, und wischt dann bis zum äußersten Rand, bis man am Ende angelangt ist. Dort kann man auf „Verwalten" klicken und nun das Symbol mit den drei Linien gedrückt halten, um die entsprechenden Filter an eine neue Position zu ziehen. Es können nun am rechten Bildschirmrand Haken gesetzt werden, um Filter zu verbergen oder anzuzeigen. Am Ende klickt man auf „Fertig", beziehungsweise „Done", um die Einstellungen zu speichern.

Benachrichtigungen, wenn Favoriten neue Posts erstellen

Wenn man sichergehen möchte, dass man umgehend benachrichtigt wird, sobald die Konkurrenz oder bestimmte Freunde etwas posten, so tippen Sie auf die drei Punkte in der rechten oberen Ecke und wählen dort "Beitragsbenachrichtigungen aktivieren".

Aktivitäten der Accounts sehen, denen man folgt.

Wenn man herausfinden möchte, welche Posts bei den Followern besonders viele Likes und Kommentare bekommen haben, kann man auf folgende Weise die Aktivitäten der jeweiligen Konten beobachten:

Man muss lediglich auf das Herzsymbol, welches sich in der Navigation ganz unten am Bildschirmrand befindet, tippen, um zum Reiter "Aktivitäten" zu gelangen. Dieser Reiter ist darauf eingestellt, die eigenen Aktivitäten anzuzeigen, kann jedoch am oberen Bildschirm auf "Folgen", zum Betrachten der Aktivitäten der Follower, umgestellt werden.

Mehrere Konten hinzufügen und verwalten

Bestehen mehrere Instagram-Konten, zum Beispiel ein Geschäftliches und ein Privates, so kann es durchaus zeitraubend und umständlich sein, sich jeweils für eines dieser Konten, wiederholt an- und wieder abzumelden, um neue Posts hochzuladen oder Kommentare zu sehen, oder selbst zu kommentieren.

Für dieses häufig auftretende Problem gibt es gleich zweierlei Lösungen.

Man kann dies direkt in Instagram lösen oder auch per Drittanbietersoftware, wie zum Beispiel in Hootsuite. Auf beide Beispiele wird hier genauer eingegangen.

Mehrere Konten in Instagram verwalten

Zunächst muss auf das Zahnrad am unteren Bildschirm getippt werden, damit das Profil aufgerufen wird. Ist das Profil einmal aufgerufen, muss man in die Optionen navigieren (Zahnrad-Symbol für iOs oder Drei-Punkte-Symbol für Android). Als Nächstes, ganz nach unten scrollen und „Konto hinzufügen", wählen.

Den Benutzernamen und das Passwort für das zweite Konto eingeben, welches hinzugefügt werden soll. Unmittelbar, nachdem man ein zweites (oder drittes oder viertes…) Konto hinzugefügt hat, ändert sich das Profilbild in der Leiste, vom Umriss einer Person hin zum Profilbild.

Damit man zwischen den Accounts wechseln kann, tippt man auf das Profilbild in der Navigation und hält es so lange gedrückt, bis ein Menü mit den Konten erscheint.

Nun braucht nur noch das entsprechende Konto ausgewählt werden.

Mehrere Konten in Hootsuite

Im ersten Schritt wählt man auf dem Desktop, im oberen Bereich von Hootsuite, das jeweilige Profilbild aus.

Im Dashboard klickt man unten links auf "Soziales Netzwerk hinzufügen" und wählt in der Liste Instagram aus: "Mit Instagram verbinden".

Nun die Anmeldeinformationen eingeben und auf "Anmelden" klicken.

Die sogenannte Publishingfunktion muss nun in der Hootsuite-App auf dem Telefon eingerichtet werden.

Wenn mehr als ein Konto hinzugefügt worden ist, können Tabs (Reiter) eingerichtet werden, sodass Beiträge für unterschiedliche Instagram-Konten sehr simpel gefunden und mit Likes versehen werden können. Es können dann, wie schon eingangs erwähnt, Posts terminiert werden und alles übersichtlich von einem Dashboard aus gesteuert werden.

Post auf Pinterest pinnen

Pinterest hat bisher noch keine Erwähnung in diesem Ratgeber gefunden, soll aber nicht unerwähnt bleiben. Pinterest kann sich wunderbar mit Instagram kombinieren, da eine weitreichende Reichweite mit visuellen Inhalten erreicht werden kann, die bereits für Instagram produziert wurden, und nun quasi kostenfrei ein weiteres Mal verwertet werden, um mehr potenzielle Betrachter zu erreichen.

Es kann jedoch leider nicht direkt aus Instagram direkt auf Pinterest gepostet werden.

Mit dem folgenden Trick kann man jedoch bequem aus der Instagram-App oder vom Desktop aus, direkt zu Pinterest veröffentlichen:

Zunächst muss man dazu auf den Post navigieren, der auf Pinterest gepinnt werden soll.

Das Symbol mit den drei Punkten, über dem Beitrag, muss angetippt werden. Dann "URL zum Teilen kopieren" auswählen, um den entsprechenden Post in die Zwischenablage zu kopieren. Anschließend die Pinterest-App auf dem Mobilgerät öffnen und auf das Person-Symbol tippen, um zum Profil zu gelangen. Dort auf das Pluszeichensymbol oben, rechts am Bildschirm tippen, damit ein neuer Pin erstellt werden kann.

Nun erscheint ein "Pinnwand / Pin hinzufügen"-Menü, woraus "Kopierter Link" ausgewählt werden muss. Pinterest kopiert automatisch den Link aus der Zwischenablage.

Zuletzt muss nur noch das Bild ausgewählt werden, das gepinnt werden soll. Dann kann wie gewöhnlich ein Post veröffentlicht werden.

Auf dem Desktop-Computer funktioniert es wie folgt

Man navigiert zu Instagram.com und sucht dort den Post aus, den man pinnen möchte, klickt diesen mit der rechten Maustaste an und wählt "Link in neuem Tab öffnen".

Dort kann dann der Pinterest-Browser-Button benutzt werden, um wie üblich, das Bild auszuwählen und zu veröffentlichen.

Kommentare löschen

Es können in Instagram eigene aber auch die Kommentare anderer gelöscht werden.

Eigene Kommentare löschen

Die Kommentare können wie folgt gelöscht werden: Auf das Sprechblase-Symbol unter dem jeweiligen Beitrag tippen, den man kommentiert hat.

Kommentare anderer löschen

Die Kommentare anderer können wie folgt gelöscht werden: Auf das Sprechblase-Symbol unter dem jeweiligen Beitrag tippen, der kommentiert wurde. Dann muss über den Kommentar nach links gewischt werden. Wenn man nur teilweise, jedoch nicht ganz bis zum Ende nach links wischt, erscheinen drei mögliche Optionen. Man kann nun auf den Kommentar antworten, ihn löschen oder melden.

Wählt man den Papierkorb aus, beziehungsweise wischt nach ganz links, kann der Kommentar gelöscht werden.

Spamschutz: Kommentare nach Stichworten filtern

Leider gibt es heutzutage immer mehr unerwünschte Spamkommentare, die man jedoch durch eine recht unbekannte Funktion gut säubern kann.

Es werden Kommentareinstellungen geboten, mit denen man Kommentare nach bestimmten Wörtern filtern kann. Außerdem kann zu ausgewählten Beiträgen auch die komplette Kommentarfunktion ausgeschaltet werden.

Filtern von Kommentaren

Das Person-Symbol auswählen, um zum Profil zu gelangen. Dort, wie gewohnt, entweder auf das Zahnradsymbol für iOS oder die drei Punkte in Android tippen, um zu den Optionen zu navigieren. Auf "Kommentare" tippen und "Unangemessene Kommentare verbergen" einschalten. Diese Funktion verbirgt Kommentare anhand einer Standardliste, die mit bestimmten Wörtern und Phrasen gefüttert ist, welche häufig als unangemessen gemeldet wurden.

Darüber hinaus kann auch eine eigene "Blacklist" über unangemessene Kommentare erstellt werden, die man in eigenen Beiträgen verbergen möchte.

Kommentare deaktivieren

Sobald ein Foto oder Video bereit zum Posten ist, scrollt man zu dem Screen, wo man einen Text zum Bild, eine Markierung oder einen Ort hinzufügen kann und tippt dort auf die erweiterten Einstellungen.

Dort kann man dann die "Kommentare deaktivieren" antippen.

Es sei gesagt, dass auch nach dem Veröffentlichen eines Posts, diese Einstellung deaktiviert werden kann, indem man auf den Post geht und dort auf das Symbol mit den drei Punkten über dem Post tippt und "Kommentare aktivieren" auswählt.

Posts speichern, die man nur selbst sehen kann

Wenn zum Beispiel beim Scrollen durch den eigenen Feed, ein Bild auffällt, welches man für später speichern möchte, kann man dies beispielsweise machen, um Inspirationen oder interessante Veröffentlichungen von der Konkurrenz aufzubewahren, die man zu einem späteren Zeitpunkt noch einmal anschauen möchte.

Zunächst wählt man den Post an, den man speichern möchte, und tippt dann auf das bekannte Favoriten- / Bookmark-Symbol, rechts unter dem Beitrag.

Damit man die Posts sehen kann, die gespeichert wurden, geht man auf das Profil und tippt dort wieder auf das Bookmark-Symbol, neben dem Symbol, der eigenen Fotos. Das ist der Weg, wie man zum "Gespeichert-Reiter" findet.

An Details heranzoomen

Man konnte nicht zu jeder Zeit in Instagram heranzoomen. Seit Ende 2016 ist es jedoch möglich, mit dem allseits bekannten "pinching" - auseinanderziehen von zwei Fingern, im jeweiligen Post, den man vergrößern möchte, Details zu begutachten. Selbsterklärend wird es aber hier der Vollständigkeit halber erwähnt, sodass man auch diese Funktion nicht aus dem Betrachtungswinkel verliert. Denkbar ist somit auch eine Marketingaktion, bei der man ein hoch detailliertes Bild mit einem dazugehörigen Rätsel oder einem einfachen "Finde-den-Fehler"-Muster einstellt, um dann aus allen Personen, die das rechte Detail finden, einen Gewinner auszulosen.

Fotos die verborgen werden sollen

Wenn man in einem Foto markiert wurde, auf dem man aber nicht gesehen werden möchte, gibt es eine Möglichkeit, diese Markierung aus dem Bereich des Profils zu verbannen.

Man muss auf das Person-Symbol tippen, um im Profil auf die eigenen Fotos zu gelangen. Dort ruft man die Optionen, per Drei-Punkte-Symbol auf und tippt auf "Fotos verbergen".

Im Anschluss kann man die Fotos antippen, welche man verbergen möchte.

Richtig professionell wird es, wenn man festlegt, ob man manche Fotos gänzlich aus dem Profil verschwinden lassen möchte. Dazu navigiert man auf die Fotos-Seite, tippt abermals die drei Punkte an und wählt "Markierungsoptionen", wo man dann zwischen "Automatisch hinzufügen" und "Manuell hinzufügen" wählen kann.

Zeilenumbrüche in die Biografie einfügen

Damit sich die eigene Biografie von anderen abhebt, ansehnlicher und lesbarer wird, kann man anstelle eines einzigen, klobigen Textblocks, Zeilenumbrüche einfügen. Zeilenumbrüche sind eine wunderbar einfache Methode, damit Informationen visuell ansprechender gestaltet werden.

Auf dem Mobilgerät Zeilenumbrüche einfügen

Die Notizen-App öffnen und darin die entsprechende Biografie schreiben, so, wie sie letztendlich bei Instagram aussehen soll, inklusive der Zeilenumbrüche, dann den gesamten Text markieren und kopieren.

In der Instagram-App auf das Person-Symbol tippen und somit zum Profil navigieren.

Dort auf "Profil bearbeiten" tippen, den Text aus der Notizen-App, in das Textfeld der Biografie hineinkopieren und auf "Fertig" tippen, um die Änderungen zu speichern.

Am Desktop Umbrüche einarbeiten

Man wählt zu Beginn die Webadresse von Instagram, loggt sich wie gewohnt ein und geht dann zur Bearbeitung des Profils. Dort kann man so viele Zeilenumbrüche einbauen, wie man mag, und muss nur zuletzt auf "Absenden" klicken, um die Änderungen abzuspeichern.

Wenn man das Profil jedoch am Desktop aufruft, wird es sich ohne Zeilenumbrüche zeigen.

Einen Link in die Biografie einfügen, um mehr Besucher zu generieren

Man kann klickbare Links, wie eingangs erwähnt, nur in der Bio platzieren. Darüber hinaus muss man schon eine bezahlte Werbeanzeige schalten, um zu diesem Luxus zu gelangen. Wie bereits beschrieben, sollte dieser Umstand also unbedingt genutzt werden.

Wenn man kurze URLs mit sogenannten UTM-Parametern, zwecks individuellem Tracking des Links, einsetzt, kann man genauestens nachverfolgen, wie viel Traffic man vom Instagram-Profil erhalten hat.

Vom persönlichen Profil auf Businessprofil umsteigen

Eingangs wurde auch dieses Thema angesprochen, was nun mit einer kleinen Schritt-für-Schritt-Anleitung abgerundet werden soll.

Seit 2016 hat Instagram Businessprofile, die verschiedenste Vorteile bieten. Handlungsaufforderungen im Profil, Zugang zu Statistiken und eine Möglichkeit zum Schalten von Werbung.

Zunächst wird wieder der Weg über das Person-Symbol zum Profil gewählt, um dort entweder für iOS das Zahnradsymbol auszuwählen oder die drei Punkte, für Android, und dann in den Optionen "In Businessprofil umwandeln" anzuklicken.

Am unteren Bildschirmrand auf "Weiter" tippen und nun die Einstellungen für Facebook vornehmen, was eine zwingende Voraussetzung ist. Sofort, wenn die Facebook-Seite ausgewählt wurde, mit der man sich anmelden möchte, kann man weitere notwendige Daten eingeben, wie Telefonnummer, E-Mail-Adresse und Postadresse für das Unternehmen.

Man speichert diese Einstellungen, indem man auf "Fertig" tippt.

Ein Foto bearbeiten, ohne, dass man es teilt

Bei Instagram kann man Helligkeit, Sättigung, Kontrast und Intensität der Bilder einstellen. Im Falle, dass man Fotos in Instagram aufgenommen und bearbeitet hat und diese aber außerhalb der App nutzen möchte, gibt es einen weiteren Workaround.

In Instagram gilt es zunächst wieder per Person-Symbol auf das Profil zu steuern und dann dort per Zahnradsymbol (iOS) oder drei Punkte (Android), in die Optionen.

Dort hinunter scrollen und "Originalfotos speichern" einschalten und im Anschluss den Flugmodus auf dem Gerät einstellen. Öffnet man nun das Foto, welches man in Instagram bearbeitet hat, kann man es in gewohnter Manier bearbeiten, bis man an dem Status angelangt ist, den man erreichen wollte. Nun verzichtet man jedoch auf eine Bildbeschreibung oder andere Informationen und tippt einfach auf "Teilen".

Das Hochladen wird nun nicht funktionieren und man muss lediglich auf das "X" tippen, welches neben der "Hochladen-fehlgeschlagen"-Benachrichtigung erscheint.

Nun taucht das Foto wieder in der Galerie des Handys auf, mit all den vorgenommenen Bearbeitungen. Nach Ausschalten des Flugmodus kann das Foto wie gewohnt zu allen Zwecken verwendet werden.

Mehr als einen Filter auf Fotos anwenden

Manchmal erscheint es sinnvoll mehrere Filter zu kombinieren, um das gewünschte Ergebnis zu erzielen.

Das Foto muss dazu eingangs mit einem einzigen Filter bearbeitet werden. Nun folgt man der kompletten Anleitung des vorigen Punktes, zum Speichern eines Bildes, ohne dieses zu teilen, bis man das Bild aus der Telefongalerie öffnen kann.

Im Anschluss kann man es weiter bearbeiten und einen zweiten Filter anwenden. Dieser Vorgang kann so oft wiederholt werden, bis man den gewünschten Effekt erzielt hat.

Final gilt es wie üblich, eine Bildunterschrift zuzufügen, zu markieren und das Bild zu teilen.

Auch Bildbeschreibungen / Bildunterschriften lassen sich mit Zeilenumbrüchen aufwerten.

Manche Bildunterschriften (captions) lesen sich wie Romane. Eine bessere Struktur kann helfen, die Lesbarkeit - und somit auch die Motivation zum Lesen bei den Followern - zu erhöhen.

Nachdem man sein Foto bearbeitet hat, begibt man sich danach zur Bildunterschrift und verfasst dort den entsprechenden Text. Um zur Eingabetaste (Return) zu gelangen, tippt man auf die 123-Taste, die die Gerätetastatur des Handys begleitet. Dort kann man dann die Eingabetaste verwenden, um Zeilenumbrüche in die Bildunterschrift hinzufügen.

Es gilt zu beachten, dass zwar durch Zeilenumbrüche eine neue Zeile beginnt, jedoch der gewohnte Abstand zwischen zwei Absätzen nicht mehr auftaucht. Wenn man Umbrüche je Absatz möchte, sollte man auch in diesem Falle in der Notizen-App (oder einer anderen geeigneten App, wie zum Beispiel der E-Mail-App) die Bildunterschrift schreiben und dann nach Instagram kopieren.

Wenn man noch weitere Abhebung von anderen Posts oder einfach stärkere Strukturierung wünscht, dann kann man im Weiteren Striche oder Punkte hinzufügen, die dann die fehlende Leerzeile ersetzen.

Erneutes Posten von Beiträgen mit wenigen Klicks

Wenn man ganz genau einen Beitrag von Instagram erneut postet (also einen "Repost" oder "Regram" macht), dann geht man ganz einfach wie folgt vor: Screenshot erstellen, Bild zuschneiden und dann alle weiteren notwendigen Schritte, die recht mühselig sind.

Vereinfachtes Regram in Hootsuite

Man öffnet Hootsuite, wählt das gewünschte Bild aus, das geteilt werden soll und klickt auf das quadratische Pfeilsymbol, um den Beitrag zu teilen. Es öffnet sich das "Nachricht verfassen"- Feld, in dem dann automatisch das Bild mit der bereits erstellten Beschreibung in einer Quelle als @Nutzername dargestellt wird.

Nun kann man auswählen, auf welchen Social-Media-Netzen man das Foto posten möchte. Der Beitrag kann nun wie üblich gespeichert, gesendet oder terminiert werden.

Instagrambeiträge terminieren

Auch dies wurde bereits eingangs angesprochen und soll nun hiermit Schritt für Schritt beschrieben werden. Wer einen vollen Terminkalender hat oder auch in andere Zeitzonen postet, weiß aus eigener Erfahrung, warum die Terminierung so wichtig sein kann. Hootsuite bietet komfortable Unterstützung dabei und stellt somit sicher, dass man stressfrei zur rechten Zeit veröffentlichen kann.

In Hootsuite wählt man das Instagram-Konto aus oder fügt Selbiges hinzu, falls noch nicht bereits geschehen, und klickt dann auf "Nachricht verfassen".

Das Video oder Foto wird ausgewählt, die Bildbeschreibung, sowie Hashtags hinzugefügt, bevor man auf das Kalendersymbol klickt, um den Beitrag zu terminieren.

Das Datum und die genaue Uhrzeit werden nun festgelegt, zu der der Beitrag erscheinen soll. Alternativ kann man Hootsuite selbst, per Autoplanung, Vorschläge generieren lassen.

Aus einzelnen Fotos in Instagram ein größeres Bild zusammenstellen

Instagram veröffentlicht Profilbeiträge in Rasterformat. Dieses Format kann wunderbar für eindrucksvolle Effekte benutzt werden.

Die Wenigsten setzen diesen Effekt in einem sogenannten Triplegram ein, um drei zusammengehörende Bilder, kurz aufeinander folgend, zu posten. Geschweige denn ein großes Bild, in neun kleine Bilder zu zerteilen, um es in einem geschickten Posten in der richtigen Reihenfolge, zu einem gemeinsamen Bild zusammenzufügen.

Wenn man ein simples Triplegram erhalten möchte, teilt man einfach drei zusammenhängende Bilder nacheinander, sodass diese eine komplette Zeile des Rasters ausfüllen und damit einen raffinierten visuellen Effekt erzielen.

Möchte man nun das gesamte Raster so ausfüllen, kann man ein Foto in neun Bilder zerteilen und teilt Selbige dann in kurzen Zeitabständen, in der richtigen Reihenfolge.

Apps, wie "9 square for Instagram" oder "9 cut for Instagram" erleichtern diesen Vorgang ungemein. Es können so, zwei, drei, vier, sechs oder neun Bilder zerteilt werden.

Intensität von Filtern einstellen

Wem Filter oftmals zu künstlich erscheinen, kann die folgende Funktion probieren.

Somit kann die Intensität der Filter nämlich angepasst und nur oberflächlich auf die Fotos angewendet werden.

Das zu bearbeitende Foto muss gefiltert werden, wobei man nach der eigentlichen Bearbeitung nochmals auf den ausgewählten Filter tippt, um die Bearbeitungsoptionen zu wählen. Die Gleitskala kann gewählt werden, um die Intensität des Filters zu dosieren. Am Ende auf „Fertig" tippen, damit der Filter dem Post zugefügt wird und man weiter am Foto arbeiten kann.

Instagram-Direct - Selbstlöschende Fotos an andere Accounts senden

Durch die App „Snapchat" wurde das Senden von selbstlöschenden Nachrichten bekannt. Instagram bietet seit Ende 2016 nun die gleiche Funktion an, selbstlöschende Fotos, Videos oder einen Boomerang, per Instagram-Direct zu senden. Ein Boomerang ist eine Serie von Fotos, die sich zu einem Video zusammenfügen, das immer wieder abspult.

Egal, ob man einen öffentlichen oder privaten Instagram-Account hat, kann man lediglich an die eigenen Follower selbstlöschende Videos oder Bilder senden.

Die gesendeten Videos und Bilder werden in der eigenen und der Empfängermailbox gespeichert, sodass man vergangene Kommunikation nachverfolgen kann.

Auf der Startseite tippt man auf das Kamerazeichen, am oberen linken Bildschirmrand, oder wischt nach rechts, damit sich die Kamera öffnet. Alternativ kann man auch auf Instagram-Direct navigieren, indem man auf Instagram-Direct tippt, welches sich hinter dem Papierfliegersymbol verbirgt.

Wenn man so weit ist, kann man ein Foto oder Video erstellen und dieses bearbeiten.

Das Versenden startet, nachdem man den im Kreis befindlichen Pfeil, am unteren Rand des Bildschirms, angetippt hat und nun einen Empfänger eingibt, oder auf "Senden an neue Gruppe" tippt und anschließend "Senden" auswählt.

Videos mit mehreren Szenen hochladen

Oftmals ist es nützlich, mehrere Videos aufzunehmen, um diese in einem Video zusammenzufassen. Dies funktioniert, indem man auf das +-Symbol in der Navigationsleiste, am unteren Bildschirm, tippt. Wählt man die Bibliothek aus, kann man ein Video wählen, welches hochgeladen werden soll. Mit einem Klick auf "Weiter", erhält man die Auswahl "Kürzen".

Um weitere Videoclips zuzufügen, kann man auf das +-Zeichen tippen und "Fertig" wählen.

Sobald die gewünschten Clips ausgewählt sind, kann man diese zum Kürzen antippen oder darauf tippen und gedrückt halten, damit die Reihenfolge geändert werden kann.

Soll ein Clip aus dem Video gelöscht werden, kann dieses in die Mitte des Bildschirms gezogen werden. Die Bearbeitung kann wie gewohnt beendet und geteilt werden.

Videos ohne Ton teilen

Die meisten Videos in Social-Media-Netzwerken werden ohne Ton angeschaut.

Instagram-Videos kommen ohnehin mit standardmäßig ausgestelltem Ton daher.

Wahrscheinlich folgt das der Richtlinie, Instagram ist visuell, nicht auditiv.

Ton sollte also nur dann wirklich eingesetzt werden, wenn er zwingend zu der Storyline im Video beiträgt. Wenn der Ton schon extra eingeschaltet werden muss, dann sollte auf jeden Fall ein echter Mehrwert und Nutzen dadurch entstehen und nicht nur ein unnötiges Hintergrundgeräusch zu hören sein. Man senkt also die Gefahr Nutzer zu verärgern und minimiert das Risiko, sich mit einer Werbekampagne selbst zu schaden.

Ein Tippen auf das +-Zeichen am unteren Bildschirmrand ermöglicht die Auswahl des jeweiligen Videos. Wie gewohnt auf "Weiter" tippen und dann das Lautstärkesymbol am oberen Bildschirmrand auswählen, um den Ton der Aufnahme auf stumm zu stellen.

Das Gleiche kann man auch in Instagram-Stories anwenden.

Beiträge zwischenspeichern

Wenn ein optimaler Schnappschuss entstanden ist, eine optimale Bildbeschreibung jedoch etwas Zeit zur Reife beansprucht, macht es durchaus Sinn, diese zu überdenken und erst mal zu speichern. Instagram bietet seinen Nutzern die Option, Beiträge als Entwurf zu speichern. Sobald der Beitrag so gespeichert wurde, bleiben alle Zwischenergebnisse gespeichert, bis man weiter daran arbeitet.

Dazu muss zu allererst am unteren Bildschirmrand das +-Symbol angetippt werden und ein Foto oder Video hochgeladen werden. Im Weiteren können beliebig Filter angewendet und bearbeitet, beziehungsweise Standorte zugefügt werden.

Das <-Zeichen am oberen, linken Bildschirmrand muss angetippt werden, um wieder zu "Filtern und Bearbeiten" zu gelangen. Bei erneutem Antippen erscheint ein Aufklappmenü, in dem "Entwurf speichern" ausgewählt wird. Nach diesem Prozedere kann man mit den Bearbeitungsschritten fortfahren und den Beitrag teilen, indem man das +-Symbol antippt und "Bibliothek" auswählt. Über der Fotogalerie erscheint nun ein neuartiger Bereich: "Entwürfe". Tippt man auf den gewünschten Post oder wählt "Verwalten" aus, kann man im Anschluss auf die gewohnte Art und Weise teilen.

Soll dieser Entwurf gelöscht werden, muss man diesen auswählen und bearbeiten. Löschen kann man dann schlussendlich, indem man auf

"Beiträge verwerfen" klickt und mit einem zweiten Tippen, dass Verwerfen final bestätigt.

Ähnliche Hashtags finden

Manche Hashtags sind naheliegend und einfach zu finden. Nach anderen muss man etwas länger suchen. Instagram hat eine erfreuliche Funktion, die sehr gut beim Suchen von Beiträgen unterstützt. Auf das Lupensymbol tippen, um zur Suche zu gelangen und ein Schlagwort eingeben. Im Anschluss erhält man diverse Einträge, von denen man aus den Passendsten auswählen kann. Über "Neueste und beliebteste Beiträge" befindet sich eine schmale Leiste, die mit "Ähnliche" benannt ist. Direkt rechts daneben ist eine Liste mit verwandten Hashtags, über die man wischen kann, um Ideen und weitere Anregungen für weiterführende Recherchen zu finden.

Hashtags zur späteren Verwendung speichern

Wenn man unterwegs ist und posten möchte, kommt es sehr gelegen, wenn man auf bereits genutzte Hashtags zurückgreifen kann, die man üblicherweise verwendet, jedoch nicht alle auswendig kennt.

Man kann in einer Notizen-App des Mobilgeräts oder beispielsweise "Evernote", die am meisten verwendeten Hashtags speichern. Dann, sobald man einen Post speichern möchte, von Instagram in die Notizen-App wechseln und dort den gesamten Text der Hashtags kopieren, um ihn dann in der Bildbeschreibung in Instagram einfügen.

Hashtags verbergen

Wie schon zuvor beschrieben, kann man Hashtags verbergen, indem man sie in das Kommentarfeld einbettet. Wie genau das geht, wird hier beschrieben.

Eine Methode ist, ganz einfach die Hashtags in der Beschreibung auszulassen, und diese dann in einem selbst erstellten Kommentar, aufzuführen. Es benötigt noch einen weiteren Kommentar, damit die Hashtags verschwunden sind.

Eine weitere Methode besteht darin, dass man Hashtags unter einer Menge von Zeilenumbrüchen begräbt. Es muss dafür lediglich per 123-Tastatur die Returntaste mehrfach angetippt werden (2 - 4 Mal). Instagram verbirgt Bildunterschriften nach drei Zeilen, sodass die Hashtags nicht mehr sichtbar sein werden. Es sei denn, die Follower tippen im Beitrag selbst auf die "Mehr"-Option.

Infografiken für Instagram erstellen

Wie bereits erwähnt, sind Videos zwar seltener als Fotos, in Instagram, aber um einiges beliebter, was das Engagement angeht.

Der einfachste Weg, ein Video von einer Infografik zu erstellen, ist die originale Infografik in mehrere Teile zu schneiden, und in einem kurzen Video zusammenzufassen.

Erst gilt es ein Grafikprogramm zu nutzen, um lange Infografik in separate, quadratische Bilder zu teilen. Es bietet sich an, diese in numerischer Order, entsprechend im Dateinamen zu benennen. Nun müssen die Bilder zu den Bildern hochgeladen werden.

Eine Videobearbeitungsapp, wie zum Beispiel iMovie für das iPhone (iOS) wird benötigt.

Ein neues Projekt erstellen, dann alle Bilder zufügen, indem man das Dateizeichen antippt. Jedes Bild wird auf der Zeitachse entsprechend angeordnet werden. Die Bilder können um arrangiert werden, wenn man wünscht.

Instagram-Videos sind kurz. So sollte das gesamte Video nicht mehr als 10 Sekunden lang sein. Wenn man beispielsweise fünf oder sechs Bilder zur Verfügung hat, kann man jedes von diesen circa eine Sekunde lang zeigen und eine halbe Sekunde lang den Übergang zuweisen.

Tipp zu iMovie: Tippen auf das Bild, ändert die Videodauer. Einmal ausgewählt wird man einen farbigen Rahmen sehen. Dann kann man das Bild mit zwei Fingern pinchen, um die Länge des Videos zu ändern. Hat man die Dauer und den Stil eingestellt, kann man über den Play-Button eine Vorschau sehen. Musik und verschiedene Einstellungen kann man anpassen, indem man die Einstellungen anwählt. Nun noch das Video exportieren, indem man es teilt und auf dem Handy verfügbar macht.

In Instagram muss nun nur noch ein neuer Video-Post erstellt werden. Wenn das Video nicht in die quadratische Form passt, kann man zur Vollbildoption wechseln, indem man das Zeichen mit den beiden auseinanderstrebenden Dreiecken antippt.

Aus bestehenden Folien kann man einzelne Fakten herausschneiden und in das übliche Mobilgeräteformat übertragen. Dies ist die einfachste Weise eine Minifolie zu erstellen.

Die erfolgreichsten Posts dieser Art bestehen aus einem Chart oder Daten, die auf etwas Nützliches, Lustiges oder Interessantes aufmerksam machen.

Ein Neugierde erweckender Weg Daten vorzutragen, ist, einfach eine Prozentzahl auf einem Bild aufzubringen, sodass der neugierige Betrachter das Bild anklicken muss, um zu erfahren, worauf sich beispielsweise die "21 %" beziehen.

Daten in ein **Pictogram**, das heißt in ein zeichenhaftes Bild zu überführen, ist eine visuell sehr eindrucksvolle Art, wenn man wichtige Daten aufzeigen möchte. Es existiert diverse Pictogram-Software. Einige Minuten werden benötigt, um ein Pictogram zu erstellen. Das lohnt sich vielmals, weil Piktogramme genau für die Darstellung in Instagram optimierbar sind.

Sogenannte Icon-Charts sind eine weitere Erfolg versprechende Variante, Daten in Instagram zu präsentieren. Icon-Charts sind Icons (Zeichen), angereichert mit zwei verschiedenen Farben, um eine bestimmte Prozentzahl darzustellen (zum Beispiel ein Glas, das halb voll ist, mit 50% darzustellen).

Anstatt einer typischen Kolumne oder einem Balkendiagramm nutzen Icon-Charts ein bestimmtes Zeichen, um beides, den Wert und die eigentliche Information, darzustellen.

So viel Text, wie man möchte, in Stories einfügen

Jeder Beitrag in einer Story, lässt sich mit so viel Text bestücken, wie man möchte.

Dazu muss zunächst auf dem Startbildschirm nach rechts gewischt werden, um zur Stories-Kamera zu gelangen, womit man dann ein Bild oder Video aufnimmt. Nun auf den Screen tippen, um einen Text hinzuzufügen oder auf das "Aa"-Symbol in der oberen, rechten Ecke tippen. Der Text kann dann beliebig verfasst und mit einem "Fertig" bestätigt werden. Dieser Vorgang kann nun nach Belieben wiederholt werden, um die Story mit so viel Text auszustatten, wie man möchte.

In einer Story mehr als die vorgegebenen Farben freischalten

Dazu muss man auch wieder nach rechts wischen, um zur Story-Kamera zu navigieren. Dort schießt man dann wieder ein Bild oder nimmt ein Video auf, tippt auf den "Aa"-Button, um somit das Pinsel- oder Textwerkzeug auswählen zu können. Egal, welche Farbe man nun anwählt, kann man bei längerem Gedrückthalten der selbigen, die Farbskala öffnen. Nun kann ganz nach Belieben aus jedem Teil der Farbskala ein Ton gewählt werden, der genau der gesuchten Nuance entspricht.

Farben einzelner Buchstaben oder Wörter im Text ändern

Es klingt etwas nach dem berüchtigten "Schmuck am Nachthemd", das heißt, etwas zu viel des Guten, jedoch kann es durchaus Sinn machen, einzelne Buchstaben hervorzuheben, indem man die Farbe ändert. Das ist zum Beispiel der Fall, wenn eine bestimmte Farbkombination in einer gegebenen Marke vorhanden ist, oder man einen Teil des Wortes hervorheben möchte.

Wiederholt man das Prozedere, auf dem Startbildschirm nach rechts wischen, um zur Stories-Kamera zu gelangen, kann man dort ein Bild oder Video aufnehmen und einen Text, wie zuvor beschrieben, eingeben.

Tippt man nun auf ein Wort oder auch einen einzelnen Buchstaben, markiert man diesen.

Dann kann man entweder aus der gegebenen Farbpalette oder wie zuvor bereits beschrieben, aus dem gesamten Farbspektrum eine Farbe wählen.

Versteckte Optionen freischalten und unbegrenzt Sticker verwenden

Sticker werden üblicherweise verwendet, um Details zur Story hinzuzufügen, wie zum Beispiel Uhrzeit oder Standort. Tippt nun ein Betrachter den Standortsticker an, kann er andere Beiträge vom gleichen Ort ansehen.

Hierfür muss zunächst nach rechts gewischt werden, um zum Stories-Bereich zu gelangen. Dort knipst man ein Bild oder Video und tippt dann auf das Smileysymbol, oben rechts.

Den gewünschten Sticker auswählen und bei Bedarf auch auf den Sticker tippen, damit mehrere Optionen freigeschaltet werden, wie zum Beispiel beim Temperatursticker, die freie Wahl, zwischen Fahrenheit und Celsius. Nun noch die Größe des Stickers anpassen und seine Platzierung nach Belieben vornehmen, und den gesamten Vorgang so oft wie nötig wiederholen, um mehrere Sticker hinzuzufügen.

Bilder aus der Galerie in den Story-Bereich verschieben

Ein Bild kann entsprechend verschoben werden, wenn es innerhalb der letzten 24 Stunden aufgenommen wurde. Es kann aus der Fotogalerie des Telefons geteilt werden, indem man wie gewohnt auf dem Startbildschirm nach rechts wischt, um dann in der Stories-Kamera vom unteren Rand nach oben zu wischen. So gelangt man in die Kameragalerie und kann das gewünschte Foto oder Video auswählen, das standardmäßig geteilt wird.

Ist ein Foto älter als 24 Stunden, so kann man es dennoch teilen, indem man einen Screenshot davon macht, und dieser als ein neues Bild in der Galerie gespeichert wird.

Von da aus muss er nur noch wie zuvor beschrieben hochgeladen und geteilt werden.

Auch, wenn man andere Bearbeitungsapps benutzt, können diese dafür gebraucht werden, sodass man ein vorhandenes Bild als "neu" abspeichert und das Gerät so überzeugt, das Bild als neuartig anzuerkennen.

9. Schlusswort

Zusammenfassend kann man sagen, dass Instagram sehr simpel in der technischen Handhabung ist, jedoch viele inhaltliche Handlungsmöglichkeiten anbietet.

Diese richtig zu nutzen, spielt sich irgendwo zwischen den versierten Fähigkeiten eines Fotografen, der Kreativität von einem Querdenker und dem Wissen eines Psychologen ab.

Es kommt einerseits also stark auf die gute Qualität von Bildern an, jedoch genauso auf die Auswahl der Motive. #cowssittinglikedogs lichtet beispielsweise nur Kühe ab, die in einer sitzenden Position, die der von Hunden ähnelt, zu sehen sind.

Das ist ungewöhnlich und spricht zumindest mehr als 6.000 Follower an – auch, wenn die Bilder alles andere als Hochglanz poliert sind.

Emanuel Smedbol ist ein freiberuflicher Designer, der in einem Interview mit Hootsuite sagt, dass man sehr viele Fotos schießen sollte, um in Übung für die richtigen Schnappschüsse zu kommen, und um schlussendlich von dem üppigen Material dann tatsächlich, lediglich

2 - 5 % zum Upload für Instagram auszuwählen.

Er hat 110.000 Follower mit seinem eigenen Stil und qualitativen, abwechslungsreichen Bildern erarbeitet. Wenn man nur den Ideen und Anweisungen anderer folgt, kann schwerlich etwas Einzigartiges dabei rauskommen.

Das heißt, die mannigfaltigen Tipps und Tricks sollten einen nicht von der Hauptsache ablenken. Gute Inhalte. Ob schön oder gewitzt, sei dahingestellt. Das ist die Basis für alle weiteren Strategien, jenseits von Hashtags, Follow-back-Szenarien und anderen Marketingtricks, die dann das Salz – beziehungsweise die Würzmischung - in der Suppe darstellen können.

Passt die Komposition, wird das Ergebnis rund und schmackhaft für den Betrachter.

Emanuel spricht von einer Stimmung, die man kreieren muss, bei der es unabdingbar ist, dass der Betrachter sich vorstellen kann, selbst Teil des Bildes zu sein. Das weckt Emotionen und trifft bestenfalls bestehende Wünsche. Oder weckt neue Wünsche.

Klar, Lichtverhältnisse und Skalierung sind auch wichtig. Aber was soll eigentlich mit einem Bild ausgedrückt werden? Nur etwas Schönes mitgeteilt werden? Oder kommt tatsächlich eine Stimmung mit rüber, bei der man selbst fühlt: "Das will ich auch, da wäre ich jetzt auch gern."

Fazit: Werbung leicht gemacht, aber bitte dezent, sodass es nicht wie Werbung wirkt. Die Kunst der Inszenierung ist gleich bedeutend mit Marketing in Instagram.

10. Instagram Glossar

Wie bei den meisten Social-Media-Plattformen gibt es einige Begriffe, die man einfach kennen muss, um sich halbwegs orientieren und verstehen zu können. Hier nun eine kurze Übersicht über einige gängige Grundbegriffe, die sich insbesondere auf Instagram beziehen.

Es sei außerdem erwähnt, dass viele Instagram-Fans, einfach "Insta" vor alle möglichen Worte anfügen, also zum Beispiel "instagut" oder "instakids" und Ähnliches.

- App - Abkürzung für "Application". Es handelt sich um eine Software, die auf das Handy heruntergeladen wird. Dabei kann es sich um Instagram selbst handeln oder Programme, die mit Instagram zusammenarbeiten.

- Boomerang - Ein Boomerang ist eine Serie von Fotos, die sich zu einem Video zusammenfügen, das immer wieder abspielt.

- call-to-action - Aufforderung zur Handlung. Wird oftmals bei Wettbewerben oder sonstigen Werbeaktionen genutzt, und dient dazu, die Follower dazu zu motivieren, eine Handlung vorzunehmen (zum Beispiel auf eine Webseite navigieren, ein Bild doppelt Antippen oder Ähnliches).

- caption – Bildbeschreibung / Bildunterschrift. Die Texte, welche ein Bild beim eigentlichen Post begleiten, werden in Englisch "caption" benannt. Auf Deutsch "Bildunterschrift".

- Feed – eine Sammlung von aktuellen Posts, denen man folgt. Zum Feed gelangt man über das Hauszeichen am unteren Rande des Navigationsbildschirms.

- Filter – hiermit können die Farben und generelle Darstellung der Bilder angepasst werden.

- Follower – die Personen, die einem auf Instagram folgen, beziehungsweise die eigenen Posts sehen, sobald diese eingestellt werden.

- Follow-follow-back - hierbei geht es darum, anderen zu folgen, damit eventuell diejenigen einem selbst folgen. Man kann diese Strategie auch auf Likes und Kommentare anwenden.

- Following – dies wiederum sind die Personen, denen ein Instagram Benutzer folgt.

- Frame – bestimmte Filter für Fotos können noch weiter angepasst werden, indem man ihnen einen Rahmen beziehungsweise farbliche Begrenzung zufügt.

- Gallery – eine Galerie stellt eine Zusammenfassung der Instagram-Posts von einem Benutzer dar.

- Hashtag – das # Symbol platziert, vor Schlagworten. Hashtags sollten relevante Schlagworte beinhalten, die zum aktuellen Post passen.

- Home – der Home-Bildschirm ist eine Auflistung von allen Aktivitäten der User, denen man selbst folgt. Weithin bekannt als der Feed.

- Hyperlapse - bei Hyperlapse (oder auch Timelapse) genannten Videos, handelt es sich um Videos, die im Zeitraffer, besonders schnell abgespielt werden. Hyperlapse-Videos werden bei Präsentation von Orten und Produkten besonders häufig eingesetzt.

- Instagrammer – Instagramanwender - ein kollektiver Begriff, der sich auf Benutzer bezieht, die Instagram anwenden.

- Instameet – eine Zusammenkunft von lokalen Instagrammern, die gemeinsam Bilder aufnehmen und hochladen.

- Instavideo – wird oftmals gebraucht, um das Instagram-Videoangebot zu benennen.

- Latergram - Inhalte, die man auf Instagram zu einer späteren Zeit postet.

- Like – wer deutsche Systemeinstellungen nutzt, kennt dies unter "Gefällt mir". Generell wird im Social-Media-Umfeld gemessen, wie sehr ein Post geschätzt wird, anhand der Anzahl von Likes. Man kann liken, indem man einen Post doppelt antippt oder indem man direkt das Herzsymbol antippt, welches sich unter der Bildbeschreibung befindet.

- Like-Gating - dies bedeutet, dass jemand die Facebook-Seite "liken" muss, um etwas dafür zu erhalten. Es können dafür Einstellungen vorgenommen werden, sodass erst nachdem jemand "geliked" hat, bestimmte Felder oder Fenster erscheinen.

- Like-to-enter - eine Art von Instagram-Wettbewerb, den man sehr simpel erstellen kann, indem man darum bittet, ein Bild doppelt zu klicken, was einem Like gleichkommt. Diejenigen, die doppelt tippen, nehmen an einem Wettbewerb teil.

- Post – visueller Inhalt, der auf ein Instagram-Profil hochgeladen wurde. Posts können also aus Fotos und Videos bestehen.

- Profil - dort sind die Benutzerdaten in Instagram gespeichert. Das Profil besteht aus Name, Benutzername, Foto und der Fotogalerie.

- Regram - wenn man ganz genau einen Beitrag von Instagram erneut postet, nennt man das einen "Repost" oder "Regram".

- Reichweite – wie viel Benutzer werden mit einem Post erreicht.

- Taggen - Markieren von anderen Usern, die auf einem Bild präsent sind, oder die man einfach durch das Markieren auf ein Bild aufmerksam machen möchte.

- Tag / comment - zum Mitmachen, kommentieren / taggen, wird oftmals in Wettbewerben eingesetzt.

- teilen, um mitzumachen (share-to-enter) - Bilder teilen, damit man am Wettbewerb teilnimmt.

- Triplegram - eine Serie von drei zusammengehörenden Bildern, die unmittelbar nacheinander veröffentlicht werden. Dies kann durchaus bis zu neun Bildern fortgesetzt werden.

- UGC - User-generated-content - zum Beispiel können dies Fotos von Kleidung sein, wenn man bestimmte Modeartikel anbietet.

- User / Username - Name der Person, die Instagram benutzt, um die Profiladresse zu definieren. Das kann ein nicht realer Name sein, der nichts mit dem tatsächlichen Namen zu tun hat.

www.ingramcontent.com/pod-product-compliance
Lightning Source LLC
Chambersburg PA
CBHW070316230526
45470CB00002B/907